ききりんご紀行

谷村志穂

集英社文庫

contents

ききりんご紀行

kiki-ringo
kikou

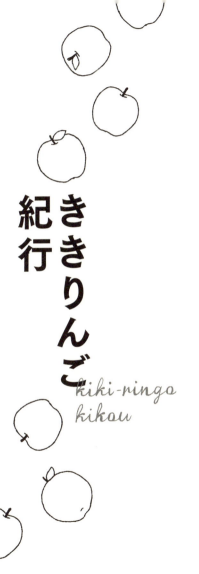

その① 十月十日、紅玉収穫 アップルパイのお皿を準備する

十月十日、我が家では中学二年生になる娘の運動会。いつもなら朝から秋晴れの空を見上げて、今日は一日どう過ごそうかと考えるような季節である。

しかし、今年はやけにそわそわしていた。

マンションの呼び鈴が鳴ると、玄関に走り出る。

青森からの宅配便が、一つ届く予定だった。だが、その日は宅配便が届くも、日用品ばかりだ。

ううむ。準備は万端であるのだが。翌日も翌々日も待望の箱は届かず、私はついに青森へ電話をかけてしまった。

「あの、頼んであった収穫はいかがでしょうか？」

「はい、穫《と》れましたよ。今、選別作業を行っていて、終わったらお送りしますね」

「はあ、選別ですか」

電話口の私は、おそらく結構落胆していたのだろう。

「もしかして、急いでいます？」

と訊《き》かれ、思わず唸《うな》ってしまう。

「急ぐというわけでもないですが、十日かなと思っていたものですから」

通話の相手は、九月半ばに青森を旅したときに弘前市《ひろさきし》でお会いした、田村夫人だった。ご夫婦で、タムラファームという農園を経営し、そこから収穫される紅玉《こうぎょく》りんごでアップルパイを毎日焼かれている。青森では、空港などでも買うことができる。

そのときには東奥日報《とうおうにっぽう》のKさんの仲立ちで、まだ早朝のうちにお邪魔させてもらった。小さな看板のかかった建物に近づくと、朝日の隙間を縫うように、甘酸っぱい香りが周囲に漂っていた。朝早くから焼くアップルパイの第一弾目が焼き上がったところだということで、私たちもできたてを少し賞味させてもらったのだ。

「キッチンも、見ていきますか？」

心良くそう声をかけていただいて中を覗《のぞ》くと、エプロンをつけた数名のスタッフが、黙々と作業をしていた。一人は、切り分けて、煮たりんごの赤い皮の部分を、一枚一枚手ではいでいた。煮た後から皮をむくのは、とても根気がいりそうだ。なぜわざわざ後からむくのかと、その作業も不思議だったのだが、何より九月に、箱にたくさん収まったりんごが間違いなく紅玉りんごであるのが謎だった。

「あの、もう、穫れているんですか?」

と訊《たず》ねると、収穫はやはりまだ少し先であり、冒頭のその日程が知らされたというわけだ。

「今年の収穫は、十月十日頃です。今使っているのは、あちらの貯蔵庫にある去年の紅玉です。うちでは、収穫したりんごを、一年間アップルパイが焼ける分、貯蔵するんですよ」

ようやく腑《ふ》に落ちた。紅玉りんごも、今や貯蔵が利くようになっていたとは。

田村夫人は、去年の紅玉を一つ、貯蔵庫から取り出して手渡してくれた。外から見ると、色も変わらず、ひじょうにしっかりした実だ。割ってみると、ときには身に褐《かっ》変《ぺん》(茶色く変化すること)が起きていることもあるそうだが、そうしたものは弾《はじ》いて使うという。

りんごの皮を、煮た後にむくのにも理由があった。皮ごと煮たりんごは、一晩冷蔵庫に寝かせておく。翌日皮を剝がすと、皮の赤い色が身に移り、きれいなアップルパイができるのだという。知らなかった。

りんごはこの頃、私の暮らす東京のスーパーマーケットでも、いつの季節にも当たり前のように売られている。ふじという品種を中心に、身のしっかりした、色も鮮やかなりんごたちが、常時、何種類かは並んでいるような気がする。

梨なら盛夏から秋にかけて、やがてぶどうや柿がと、出番を待っていた秋の果物たちが千両役者のように並んでいくが、いつしかりんごだけは、年中食べられる、正直あんまりありがたくない果物になっていた感があった。

だが私の中では、紅玉ばかりは違っていた。きっちり秋にならないと出てこない、旬のものであった。

若い頃私は、原稿の締め切りが近づいたり、何か煩《うるさ》い事があったりすると、すぐに神経が高ぶってしまい、心身のバランスを崩しがちだった。そんなときには、女の先輩がスーパーマーケットに買い物に連れていってくれた。

「何なら食べたい？」と、訊かれてもなお黙っていると、

「じゃあ、いつものサラダにするから、付き合いなさい。あら、それともう紅玉が出ているわね。アップルパイを焼こうかしら」

と、彼女が言ったのが鮮烈な記憶だ。

私よりも多忙な人が、その日は茹《ゆ》でた野菜で彩りのいいサラダをこしらえ、また嘘《うそ》

のように瞬く間にアップルパイを焼いてくれた。

「パイ生地から作ろうなんて考えたら大変よ。だけど、市販の生地を使えば、アップルパイは簡単なの。ただ、これだけは紅玉じゃなきゃだめね。紅玉が出たら、アップルパイを作るのよ」

私は現金なもので、そういうときにはよく食べていたようだ。アップルパイが焼き上がる直前の、あの甘酸っぱい食欲をそそる香り、さくさくした生地の中から現れるみずみずしい果実のおいしさは、忘れられない。

大げさに言えばアップルパイは、そのとき私の命の恩人になったのだ。

今では健康で、やせ薬を飲みたいほどだが、毎年、紅玉を見つけるとその日のことを思い出して、自分でも見よう見真似《みまね》でアップルパイを焼くようになった。パイが熱いうちにアイスクリームをのせて食べるのは、ニューヨーク出身の友人の流儀を真似ている。


十月十三日、届きました。

タムラファームで収穫されたての、紅玉りんごを収めた小箱である。箱を開けると、ふわっと香り、赤い顔の初々しいりんごたちが並んでいた。中央の一つには、小さな葉っぱまでがついている。

さっそく切って、生でひと欠片《かけら》食べてみる。甘酸っぱさに、顔がしぼむ。なんてしっかりした酸味だろう。この酸っぱさを待っていたんだ。これなら、ほとんど味付けせずに、りんごとレーズンをバターで煮て、パイにして焼ける……。

大切に育てられたりんご、アップルパイ用にまず四つを、一つずつ台所に並べた。

その②
ラクストンズ・フォーチュン　すり下ろし、淡雪のよう

　りんごの産地の方々には、おそらく様々にりんごとの豊かな思い出があるのだろう。

〈その①〉でアップルパイを焼いたときに、実は我が家には、この本の担当編集者のYさんと、連載した東奥日報の記者のTさんも、食べに来てくれた。いや、来てくれるのがわかっていて、私もどきどきしながら焼いてみたのである。

「煮たりんご、本当は苦手なんです」

　部屋の中には甘酸っぱい香りが漂っていたのだが、正直なYさんはいきなりそう言って、少し困った顔をした。

「そんなこと、ありません？」

　そう言って、Tさんにも同意を求めている。

　二人とも青森の出身、たまたま同じ弘前の高校の同窓でもあった。

「そうなの？　なんで？」

私も率直に訊ねてみると、二人には何やら共通の思い出があるようだった。りんごの収穫期になると、親類やご近所の方々からりんごがどんどん届き始める。食べきれないので、大きな鍋で煮りんごを作り始める。学校から帰ると毎日のように煮たりんごがふるまわれる。友人の家でも、おやつはそれになる。なので、少しこりごりしている、というような話なのだが、私には聞いているだけで煮たりんごの香りが思い起こされ、羨ましい気持ちになった。

その話を聞きながら、札幌で生まれ育った私にも一つ、りんごの思い出が蘇《よみがえ》ってきた。こちらは、共通の体験を持つ人が多いのではなかろうか。

子ども時代に風邪を引くと、母親がせっせとりんごをすり下ろしてくれた、という記憶である。私には扁桃腺炎《へんとうせんえん》の持病があり、冬になって空気が乾燥してくると、よくいちごのように腫れた。同時に高熱も出す。すると母は額に手を当て、水銀の体温計を脇に差し入れ、

「今日は学校、お休みだね」

と、何か楽しそうに言ってくれたものだった。そう言って、台所で氷枕や冷たいタオルの支度をしてくれた。

引き続き台所から、今度はしゃかしゃかという音が聞こえ始めると、それはりんご

をすり下ろしている合図だった。ちょうどりんごが出回る季節だったのだ。

私は、これをかなり楽しみとする子どもだった。

すり下ろしたりんごは、淡雪のようにふわふわした食感で、いくら喉が腫れていても、結構な量が、すんなりと体へ収まった。口の中に優しい甘みが広がり、満たされた気持ちになるので、実は病気じゃなくても食べたい私の大好物だったのだ。

思えばすり下ろしたりんごは、その昔、病人食の定番であったのではなかったろうか。ある女性は、知り合って間もない彼氏が風邪だと聞いて、ボウル一杯のすり下ろしりんごを持参して、ご実家の扉を叩《たた》いていた。

彼女の家から彼氏の家までは、車で一時間の距離である。当然、ボウルの中のりんごは茶色く変色しており、彼のお母さんは、いろいろな意味でひじょうに複雑な顔をして、それを受け取った。今ではその方が、彼女のお姑《しゅうとめ》さんとなったわけだが。

りんごは本来、切ったらその切り口が、また下ろしてしまえばその身が茶色く変色する。りんごに含まれるポリフェノールが酸化酵素と反応し変色する、という化学反応が起きるそうだ。すっている端から色が変わってしまい、ゆっくり食べていると最後のほうは元の色がわからないような茶褐色になっている。

りんごも化学反応を起こすが、風邪を引いた私だって、体温計が脇に差し込まれるあたりから、口の中にりんごの味を思い起こすという、連鎖反応を引き起こした。変色しようが、すり下ろしりんごの美味《おい》しさは格別だった。

しかし変色しない方法もあるのだと知ったのは、最近のことだ。りんご自体や、すり下ろしの器具など、すべてを食塩水につけるとよい。塩分が酸化酵素の働きを抑え、変色が止まるらしい。

こうした情報は、今ではインターネットで検索すれば、すぐに入手できるが、当時、母は考えもしなかったはずである。りんごはすり下ろせば、変色するものだと誰もが思っていた。

また、最近では切っても変色しない新しい品種のりんごが現れた。ポリフェノールの含有量が少ない、青森・黒石市のりんご試験場（現在の青森県産業技術センターりんご研究所）で作られた「あおり27」（商標名・千雪《ちゆき》）などがその代表選手で、カットフルーツにして販売するのに、重宝され始めているという。

さらにこの頃のりんごは、全体的に変色しにくい。収穫したてのりんごは今も変色するが、長期間貯蔵したりんごでは変色が少ないそうだ。

母がしゃかしゃかとやっていた頃には、りんごは長期保存も利かなかったし、千雪も生まれていなかった。母にはインターネットの情報もなく、りんごはすり下ろしたら茶色くなるものだと、疑いもしなかった。すり下ろしたものさえ、扁桃腺炎の子の喉を通らなくなると、ガーゼで搾ってジュースにしてくれた。これもまたずいぶん茶色くなった果汁だった覚えがある。

こんなことを思い出していたら、私は、無性にあのすり下ろしたりんごが食べたくなった。九月に収穫されたラクストンズ・フォーチュンという、英国原産の珍しいりんごを、青森・板柳町のりんごワーク研究所（ふるさとセンター内）の方々が見本に送ってくださっていた。果肉は黄色味が強く、何とも上品だ。ほんのり赤く色づいた果皮は色白の女性が頬を上気させたよう。りんご半分を、食塩水につけながらセラミックの下ろし器ですり下ろしてみた。

確かに、色がほとんど変わらない。りんごは清らかな身の色のまま、器にふわっとのっている。

その美しいりんごをしゃかしゃかすり下ろしながら、母がその昔に、なんとか明日には学校へ行けるのかしらね、と考えたであろうその気持ちを思ってみた。やはり色が変わるなど、二の次だったのだろうと、今さら感じていた。

りんごの思い出は、なんだかいつも優しいから困る。

その③ 九月のりんご
あかねやつがるを早生種と呼ぶ

実はこの原稿の元となった、東奥日報での連載を始めるときに、ひそかに決めていたことがあった。

とにかく、毎日、りんごを食べてみよう。間抜けな決意である。

りんごの産地の出身でもない私が、りんごの連載を任せてもらったのだ。

それまでは、大人になってからは、一年で、もしかしたらせいぜい五個くらいしか、りんごを食べていない。りんごの最大の産地である青森県だと、一人あたり月平均で三・九個のりんごを食べるそうだから、一年にすると五十個近いのである。

しかも私は生ではほとんど食べていない。紅玉の時期にアップルパイを一度か二度焼くのと、時折スーパーマーケットの果物売り場で、いかにもおいしそうなのを見かけると、家族に一個、買って帰る。それを皆で切り分けて食べるくらいだ。

そんな私が、突然毎日食べるにはどうしたらいいものか。途方にくれていたら、りんごの町で知られる板柳町にある、りんごワーク研究所の方々が、「りんごのためなら」と、ご協力を買って出てくださり、ひと月に一度、収穫したてのりんごを、詰め合わせてお送りくださることになった。

なんと、ありがたい。

九月のはじめといえば、早生種《わせ》、つまり早い時期に収穫されるりんごがようやく収穫され始める時期だが、送られてきた箱には、それぞれ品種名やその特徴がメモ書きされた付箋が貼られ、きおう、あかね、未希《みき》ライフ、またキュートという名の洋なしのような香りのりんごが、彩りも豊かに美しく並んでいる。それらはいずれもどちらかというと小玉である。

また大玉はみよしレッドである。

十月に入ると、これが、つがる、涼香《りょうか》の季節、ひろさきふじ、英国原産のラクストンズ・フォーチュンへと変わっていった。

りんごは収穫期に合わせて、早生種、中生種、晩生種と呼び分けられる。九月二十日頃までの収穫を早生種と呼ぶそうなので、十月の頭に届く分までが早生種かなと思っている。

それにしても、早生種のりんごだけで、こんなにたくさん種類があるのだなと驚かされながら、一つずつ手にして重さを確かめたり、鼻先を近づけたりする。

ふじは十一月頃と聞いていたが、ひろさきふじとは何だろう？　少し小ぶりなような、と調べてみると、早熟系のふじだという紹介を見つけた。弘前市鬼沢《おにざわ》の大鰐勝四郎さんが、ご自身の農園のふじの葉とりをしていたら、九月のうちに一本の枝のりんごだけが、すでに果実が真っ赤になって熟していた。こういうのを、早熟系の枝変わりと言うそうだ。涼香の季節も、この枝変わりの一種。

ひろさきふじは、味はふじに似ているけれど、ふじより酸味が少なく、こっちのほうが好きだという人もいるらしい。ひろさきふじと呼ばれたり、夢ひかりと呼ばれたりしている。枝変わり……、農園の仕事って、こういう発見もあるのだな。

九月のりんごも、十月のりんごも、箱を開けば、すでに、ふわっと甘く香ってくる。開くと、色とりどりのりんごたちが、なんとも可愛《かわい》らしい子どもたちの顔ぶれのように並んでおり、胸が躍る。

板柳町は、りんごの大農園地帯である。町が運営するふるさとセンターには、樹齢百年を超える、幹が大きく、ぐにゃりと曲がったりんごの樹が一本、ランドマークとして移植されている。この樹木が、りんごワーク研究所から出荷されていくものたちのブランドロゴの原型として、採用されている。百歳を超えても、今でもまだりんごがたわわに実るそうだ。

明治、大正、昭和、平成と四つの時代を見てきたこの古木だが、台木《だいぎ》になっているのは丸葉海棠《まるばかいどう》である。中間台は国光《こっこう》、一九九三年にふじが高接ぎされて、今はふじが実る。りんご栽培の百年の歴史がそのまま託されている。りんごに台木や高接ぎがあるのも知らなかったが、あとでゆっくり触れていこうと思う。

他にも、先日いただいた英国産のラクストンズ・フォーチュン、こちらは一本きりの貴重な樹木だったようだ。このふるさとセンターには、興味深いりんごの見本林のようなスペースもあれば、収穫体験のできる場所や、宿泊施設もある。

板柳では、町をあげてりんごと取り組んでおり、りんごまるかじり条例という、ちょっと冗談みたいなネーミングの条例も掲げられている。

私は送っていただくりんごを、毎日一つ、二つと胃袋に収めていきながら、どうやらこれまでりんごのおいしさを、半世紀もの間、本当には知らなかったのだなという思いに包まれている。どの品種も味わいや香りは異なるが、収穫したてのりんごはずっしりとみずみずしく、甘みも酸っぱさも、口の中で一気に個性を弾く。大変に存在感があり、魅力的なのだ。

朝、りんごの皮をむくのは、それぞれに新しい個性に出会う瞬間であり、とても、ときめく。切って皿にのせると、夫や娘が手を伸ばしてくることもあり、「これは、美味しい！」などと口にする。

こんなことを書くと、産地の方々には、当たり前だろう、と思われるかもしれない。代々大切に守ってこられた果樹が、一年に一度、ようやく実をつけるのだ、美味しくなくては困るのだと叱られるかもしれない。

しかし思い切って言わせてもらうと、今まで、りんごをこのように美味しいと感じたことがないのには、理由があったようにも感じている。おそらく、紅玉以外は収穫期もよく考えずに、見た目だけで、りんごを買っていた。

スーパーマーケットで姿形よく並んでいると、新鮮そうに思えて買ってしまう。しかし、今やりんごは貯蔵技術が進み、年中新鮮な見かけをしている。りんご選びは、そう単純ではなかったのだ。

私が新鮮なりんご、と思って買ったものの中には、長期にわたって貯蔵されていたものもあったはずだ。

何度か、りんごを買っては少し落胆する、という経験を繰り返すうちに、りんごはむくのさえ面倒だと遠ざけるようになっていた。

「私なんかは、年をまたぐと、買うかどうかもう考えますもん」

りんごの樹が見えるところで育ったYさんはりんごの旬に敏感で、この連載を始める前にそう言っていたのを思い出す。

今更ながら私は、この旬の時期のりんごの美味しさを周囲にも伝えようと、顔を合わせる仕事仲間や友人たちにも配り始めている。また実家の両親にも、りんごの箱詰めを送ってみた。板柳町では、電話で頼めばいろいろなりんごをリクエストした分だけ詰め合わせて、箱で送ってくれるのがわかったからだ。

八十歳を過ぎた父からは、さっそく携帯電話にメールが届いた。

〈りんご、りんご、それは、それは、美味しいりんご〉

という、はしゃいだような文面で、どうも毎日一つ、母に皮をむいてくれるよう、ねだって食べているようである。今のところ、つがる、という赤いりんごのみずみずしさに惹《ひ》かれているようだ。

馴染《なじ》み深いりんごの話になれば、世代によって思い浮かべる品種は異なってくるだろうか。戦前生まれの父や母は、りんごと聞けば国光の名をあげる。

特に函館で育った母は青森から連絡船で運ばれてくる木箱に、「国光」というりんごの名が書いてあったのを今でも覚えているようだ。自宅では、おがくずの中に手を入れてりんごを探し出し、母の祖母に手渡してむいてもらった。母の母は戦争未亡人で職業婦人となり、忙しかった。

「おばあちゃんが、りんごの皮を必ず全部つなげてくるくるまきながらむいてくれたのよね」

と、以前に話していた。

昔は他にそうおやつもなく、秋から冬にかけて運ばれてくるりんごの甘さは格別なものだったろう。

りんごの味自体も、時代とともに大きく変わったのだろうか。国光という品種は最近、ほとんど見かけない。

私の世代になると、おそらく子どもの頃に出回っていたのは、デリシャスという品種のはずだ。今は圧倒的にふじが全盛で、青森で生産される五割がふじだという。生産量だけで見るなら以下は、王林、つがる、ジョナゴールドがそれぞれ一割程度と続くのだから、ふじは堂々の王者である。

どうしてふじが主流になっていったのか。これには、りんご農家の大変さを知るエピソードがあった。

その④ サンふじと有袋ふじ りんごの見かけの問題

りんごりんご、美味しいりんご。

父からのメールがいつの間にか、ラップ調の唄（だけど下手くそ）になって、毎朝楽しくりんごをむいている私である。

そのせいか、なんと！　体重が二キロも増えてしまった。

つがる、涼香の季節といった、十月に届くりんごの美味しさはたまらない。恨めしいが、どんなに食べても飽きがこないのは、それぞれに甘さと酸味の絶妙なバランスがあり、食感も異なるからだ。くわえて香りの要素も入ってくる。

十一月に入り、りんごワーク研究所から送られてくる詰め合わせに、ついに、サンふじが仲間入りした。

〈青森では、いよいよ主力品種、有袋ふじの収穫が本格化しました〉

十一月はじめ、東奥日報のHさんからのメールにはそう書いてあった。

主力品種ふじ。野球でいえば、四番バッターが、ついに打席に立つという、印象が伝わってくる。

しかし、ここで一つ難問が立ちはだかった。ふじの前に、いろいろついてくる名前は、なんだ？　サンふじ、有袋ふじ、ただのふじ、どう捉え分けたらよいのだろうか。悩んでいても仕方がないので、青森県黒石市にある、青森県産業技術センターりんご研究所の研究管理監の、櫛田俊明《くしたとしあき》さんのところへ二度通わせてもらい、りんごへの謎を一つずつ教わった。

さあ皆さん、一緒にお勉強しましょう。

りんごの栽培の際に袋をかけるのが、文字通り有袋ふじ、袋をかけずに陽光にそのまま当てるのがサンふじ、であるのはなんとなくわかる。

ではなぜ袋かけをするかというと、主な理由は貯蔵性を高めるためと、なんとさらに重要なのは、見た目の美しさのため、なのだそうだ。見た目の問題だったとは！

実を結んでから収穫するまで陽光に当てていると、地黒のりんごができる。その地黒のりんごが、熟して赤くなっていくと、決してきれいとはいえない色になる。それで、ひとまず光合成能力を退化させた、もやしっ子のような色白のりんごを袋の中で育て、最後に一気にお日さまに当てると、見た目のきれいなりんごができる、というのである。

また、袋をかけると蜜があまり入らないから貯蔵中の蜜褐変《みつかっぺん》も起きにくい。長期貯蔵用には、袋をかけて育てた、あまり熟していない状態のりんごが適している、というのである。

日頃、平気で日焼けしてどちらかというと色白とはいえない私には、何か唸ってしまうような話だった。

「つまり、サンふじのほうが美味しいってことですね？」

「かけないほうが美味しいよ」

と、櫛田さんは同意してくださるものの、

「だけど人間は、きれいなのが好きでしょう。困ったものだね」

と、おっしゃるのを聞いて、素直に笑ってしまい、また何かそのやりとりの率直さをありがたく感じた。ちなみに櫛田さんは、大変色白でおられます。

東奥日報のHさんからは、同じ頃、青森では霜が降《お》り始めました、というメールももらっていた。

つまり青森では、霜が降りた後にふじの収穫になるのだ。

りんごの樹が見えない場所に住んでいても、想像の中で「りんご暦」が、少しずつできていくのは楽しい。

またふじをはじめ、この時期に収穫されるりんごは、晩生種と呼ばれる。九月は早生種、十月は中生種、この字、何度か書き間違えた、中性でも、中世でもない、りんごの収穫期の真ん中頃に生まれる種だ。

そして真打ちの、晩生種、ふじと続く。

青森県だけでりんごの生産は日本の五八％（二〇一五年）、その五割が先述の通りふじである。

ふじは、東京で想像するよりもずっと寒い中で収穫されている。おそらく、農家の方々の手が北風で冷やされる時期になって、ひんやりした赤いりんごは一つ一つ大切にもぎとられていくのだな、と想像する。

岩木山は雪をかぶり、足元には霜が降り始めている。そう思うと、りんごの赤さがますます愛《いと》おしく思えてくる。

ところで、りんごの樹の見えるところで育ったYさんと、九月の中旬にも、一度青森に出かけた。ホテルの朝食会場にカットされたりんごが並んでいた。

私はまだその頃は、りんごの味はほとんどわからなかった。

Yさんもひとかけかじってみて、「ふじだと思うけど、今年のなのか、去年のなのかわかりません」と言った。

去年のなら、最も長く貯蔵されてきたりんごであり、今年のならば、穫れたてである。今思うと、九月でふじなら長期間貯蔵されていたものだったのか、または穫れたてのひろさきふじだったのか。

私はそのときのあの心細げなYさんの様子が忘れられない。勝手にそれを「九月のりんご問題」、と名付けている。

似たような話を、昨夜、ある方から聞いた。

その方のお誕生日は、越前蟹《えちぜんがに》の解禁日である。当時、任されていた仕事があまりに忙しくて、誕生日に休暇をほしいと願い出た。

「誕生日にちょうど解禁になる、越前蟹を食べに行きます」と、意気揚々と宣言して出かけた。

心をはやらせ、越前蟹で有名な宿に着いた。夜には、赤く茹で上がった蟹が出てきた。

「うーん、おかみ、これが解禁になったばかりの越前蟹だね？」と訊いたら、

「いえ、確かに解禁は今日なんですが、蟹が浜にあがって市場に出て、うちに来るまでにはあと数日かかるんです」

「じゃあ、これは？」

「申し訳ないですが、冷凍の最後の最後の蟹です」

　正直にそう謝られたと、話してくれた。

　まるでりんごの話のようだった。

　美味しいりんごにありつくには、りんご暦をしっかり頭に入れておくのがよい。収穫の時期から、選別、運ばれてくるまでの時期まで考えてから、かじる。

　きき酒ならぬききりんごができるくらいになれないものかと思っていると野望を伝えたら、櫛田さんには、

「そんなの、できないでしょ」と、あっけなく退けられたが、退けながら、櫛田さんはりんごのように笑っておられた。

　できますとも！

　それで、また話が横道にそれてしまった。ふじが主流になるまでの道のりは、〈その⑤〉へ続く。

その⑤
「品種更新」という生まれ変わり方
国光は、したたかに生きていた

毎日りんごを食べる生活を続けるうちに日に日に体重が増していく中、私は考えた。毎日の食事にくわえて、さらにりんごを食べるからいけないのであり、食事をりんごにしてはどうか、と。

いつも家でしていることの一つにぬか漬け作りがあり、たとえばりんごのぬか漬けはどうだろう、とまず考えてみた。

また今週金曜の夜はおでんにしたので、その際に大根のかわりにりんごを煮てみてはどうだろう、とも、考えた。

やってみる前に、ついインターネットで検索してみる癖がつきつつあるが、いるではないか、すでにそういうこと、してみた人たちが。

ぬか漬け、おおむね不評。

別に食べられなくもないけど、わざわざやる必要はなし、という意見がおしなべて並んでいる。

おでん、こちらの場合は、いくつかのおでん屋さんの看板メニューにまでなっている。皮のついた丸ごとのりんごを煮て、最後にバーナーで焼き色をつけて出す、など手が込んだ店もある。

しかし食べた人の意見は、やはり、おおむね不評。

手が込んだ店への意見はそれなりに配慮があったが、さしたる考えもなく、思いつきでおでん鍋に切ったりんごを投入した人たちへの風当たりは、実にきびしいものだった。

友人の家のおでんに入っていたりんごにすっかり呆《あき》れて帰ってきた人の感想には、「ばかな友人をもって残念だった」とまである。

また、前夜の残り物の「おでんのりんご」を、翌日のご主人のお弁当にそっと入れておいたら、ご主人のほうも出がけにこっそり抜いていた、など。

大切に育てられたはずのりんごが、災難に遭っている。りんごはちっとも悪くないはずなのに。

そう思うと結局また、私はただ切って、皮をむいて、おいしくいただいている。それで私が太るくらいなんだという話である。

ところで、〈その④〉では、りんごは袋のかかっていないのがいいと乱暴に書いた。その後で、またいろいろ教えてもらえる機会があった。

有袋の目的は、はじまりの時点では害虫防除のためであった。いつしか、貯蔵性をよくするため、また色づきをよくするための栽培法となったが、今でもモモシンクイガという害虫防除のための殺虫剤を減らす目的で、袋かけする人もいるそうだ。

ふじだと、たとえ有袋であっても、遅くに収穫すれば、サンふじほどではないにしても蜜が入ってくる。

現在のふじでいえば、有袋の割合は三割ほど。残り七割ほどが、最初からお日さまに当てて熟してから収穫する、サンふじとなる。

有袋は、以前より減少傾向にあるそうだ。なぜなら、袋を一つ一つかけたり、外したり（外すときは外袋と内袋で二回）していくための労働力が不足しているからである。

ふじの収穫は、まず有袋で育ったりんごが先で、次が無袋（サン）のりんごとなる。

しかし、出荷では、まず穫れたてのサンふじが先に出ていき、あとから、貯蔵された有袋ふじが、サンと入れ替わるように出荷されていくわけだ。

夏に出ているふじが貯蔵のものとも限らない。実は今では、地球の反対側、南半球のタスマニアなどでもふじを作って輸出されてくる。南半球は冬であり、そこから届く新鮮なふじもある。

やはり、ききりんごの極めて難しそうな、一筋縄ではいかない話である。

いずれにしても、いろいろ食べてみて、やはりふじはとても調和のとれた、飽きのこない、完成度の高いりんごなのだとも感じているが、私にはなぜかしつこく国光に執着する思いがある。母らが子どもの頃、次々と木箱で海を渡ってきた国光は、なぜまったくと言っていいほど、市場から姿を消してしまったのだろう。

この理由を、また櫛田さんにうかがってみようと決めたのだが、その前に手元にも、資料はあった。櫛田さんのいる研究所でいただいてきた「青森りんご」という小冊子の最後のほうに青森りんごの歴史のページがあった。

昭和四十年以降、主力品種は紅玉や国光から、デリシャスやふじへと交代したが、その引き金になったのが、どうやらここにある。昭和四十三年の「山川市場」という記述だ。

紅玉や国光の価格が大暴落となり、収穫されたこれらのりんごが山や川に大量に棄てられ、俗に「山川市場」と呼ばれたのだ。

一体、なぜそんなことが起きたのだろう。

櫛田さんは、東京からの私の質問にメールで答えを寄せてくださった。

〈これは突然ではなく、前兆はありました。まず、昭和三十八年はバナナの輸入自由化により、りんごの売れ行きが悪くなりました。昭和三十九年はみかんの大豊作で国光が売れなくなりました。ついで昭和四十一年もみかんの大豊作で市場価格が暴落しました〉

――そうなると、国光だけを作っていた農家の方は、どうなったのでしょう？　国光の木はすべて切り倒されたのでしょうか？

〈まず、国光だけを作っていた農家はないです。りんごというのは、「自家不和合性」という特性を持ち、めしべには自分の花粉はもちろんのこと、同じ品種の花粉がついても授粉しないので、りんご農家では必ず複数の品種を植えている。台風などの気象災害によるリスクを避けるためにも、また労働力を分散するためにも、収穫時期の異なる品種を植えています。祝《いわい》、旭《あさひ》、紅玉、国光など。

栽培品種を変えることは、「品種更新」と呼びます。

品種更新は木を切り倒して新しい木を植えるのではなく、接ぎ木によって更新する。国光の木（枝）に、デリシャス系や、ふじなどの枝を接ぎ木して、更新していきまし

た〉

接ぎ木だったか。つまり、りんごの本にはよく出てくる、高接ぎだ。

そうか、国光の木はちゃんと生きていて、今もりんご園で活躍していたのだ。


国光の歴史は古く、十八世紀にフランス大使から、アメリカで後に大統領になったトマス・ジェファーソンにりんごの枝が渡された。ジェファーソンは、アメリカの果樹園でこの普及を図った。

日本へは、明治四年に北海道の開拓使によって導入される。雪が降ってから赤い実をつけるので、青森では「雪の下」と当初名付けられ、また、土地によっては「晩成《おそなり》子《こ》」などとも呼ばれた。

明治三十三年に、全国共通の呼び名が「国光」と決められる。厳しい寒さの場所で、特に青森の津軽地方でよく育てられた。雪巻きの保存法が編み出されて、りんごを売る業者は春から初夏にかけて高値の時期を見つけて売っていき、これによって小さなりんご農家もやっていけたという。

国光は、今では市場ではほとんど見られないが、青森県庁舎の構内に大きな樹木があり、今でも立派な実をつけるそうだ。また櫛田さんのおられる研究所の一画にも、樹齢百年を超える古木集団があって実もつけるという。一度、食べてみたいな。

そして、国光に接ぎ木されて更新されたふじは、どうやって現れた品種だったのだろう。

ふじ、という品種ができるまでの物語は、どうやら昭和十四年まで遡るようだ。ふじの名は、青森県南津軽郡藤崎町でできたことに由来するが、当時この町にあった農林省園芸試験場東北支場の国光に、現在の櫛田さんのおられる黒石市の旧りんご試験場からデリシャスの花粉が提供された。交配してできた種を翌年に蒔《ま》き、多くの実生《みしよう》を得た。

しかし、第二次世界大戦の戦況が悪化し、研究員たちは次々戦地へと取られていく。残る職員たちで必死に守った実生で、戦後もう一度研究が再開。実生を圃場《ほじよう》に植えて、そこから結実した個体から、最終的に選抜されていった。

味だけではなく保存性にも優れたこのりんごをめぐる高い評価はすぐに伝わり、りんご研究に携わる人たちが一様に強い自信を持ち、様々な手続きが異例の早さで進んだ。昭和三十七年にはふじ（農林1号）として、農林登録されている。津軽の里、藤崎町だからふじ、日本の秀峰と同じく、ふじ、またミス日本第一号が山本富士子であったので、ふじ、などその命名には様々な期待が託されたようだが、ふじはその期待を裏切るどころか、遥《はる》かに超えていくように普及していったのだ。

ちなみに銀座の千疋屋《せんびきや》の社長は、この名前を「ラッキー」にしてはどうかと提案したそうだ。ラッキーりんご、それもそれで、面白かったかもしれない。

いずれにしても、一つわかったことがある。国光は、消えたわけではなかった。農園でふじを実らせる樹木は、国光の樹だったのだ。そしてなんと私は、ふじの登録の年に生まれた。ふじと同い年だった。

その⑥「紅の夢」ウエストのケーキになる

りんごは、いろいろ姿を変えて現れる。

先日は、東京・青山通りの珈琲《コーヒー》店に、大きくこんなポスターが貼られていた。

〈青森県産　ふじりんごのミルクコーヒー〉

残念ながら立ち寄る時間もなく通り過ぎたが、ポスターの写真からはミルクたっぷりのコーヒーの上に、どうやらふわっとした泡がのっていて、そこにシロップがかかっている飲み物のようだ。はたしてその、どの部分がりんごなのかは謎なままなのであるが。

また別の日には、時折娘と出かけるウエストという洋菓子店のケーキの棚にも、とっておきのりんごを見つけた。「紅《くれない》の夢タルト」。

この出会いは、うれしかった。

「紅の夢」という新しい品種について、青森でうかがってきたばかりだったからだ。

このりんご、弘前大学藤崎農場で生まれた品種で、なんと果実の中身も紅《あか》いのである。

九月の中旬に青森を取材旅行した際、同大学の松本和浩さん（現在は静岡大学農学部）の研究室へうかがっていた。

この新しい品種開発の立役者となられた松本さんはまだ三十九歳とお若く、笑顔がふっくらとりんごのようである。新しい品種の誕生に、研究室はさぞ沸き立っているのかと思ったが、こちらのりんごの誕生となる交配は、すでに一九九四年に行われていたという。

「この育種をやってきたのは、実は私ではなく、前任の塩崎（雄之輔）先生なんですよ。今はもう七十二歳かな、それぐらいのお年になる先生なんですけれども」

鳥取で梨の研究をしていた松本さんが、こちらへ移ってきた。

「塩崎先生はね、何も教えてくれないんですよ。寡黙な人で、自由にやりなさいって、剪定《せんてい》のときも全然しゃべってくれなくて、僕はひと冬枝を拾っているだけで。だけどまあ塩崎先生は、どうしろとかは言わなかったんですけど、私はこの品種は面白いと思って残したんだ、ということを教えてくれたので。それをどうやるかは、僕の判断に全部任してくれたというのがありました」

それが後に「紅の夢」と命名される品種だ。皮だけではなく、身も紅く色づいたこのりんごは、偶然が重なってできた品種なのだそうだ。

塩崎雄之輔氏が、紅玉とスターキングデリシャスの交配をしようとしていたところ、何かの理由で、別の樹木の花粉が運ばれてきて、紅玉についた。そもそも、その別の樹はエターズゴールドというラベルがついていて、本当だったら果皮も果肉も黄色いりんごが実るはずが、輸入の際の手違いか何かで、果肉が紅くなる、別品種の樹となっていた。

松本研究室HPでは、この二つの偶然に、〈ミツバチのいたずら〉、〈神様がくれたプレゼント〉という表現を用いていた。

〈よく果樹の世界では、一生懸命育てている人のところには神様がプレゼントをくれるといいます。長年りんごの研究を続けてきた塩崎名誉教授に神様がくれた贈り物なのかもしれません〉

「紅の夢」は、交配の成功から育成、選別など十五年以上の時を経て、二〇一〇年に新品種として登録されている。十月下旬から十一月にかけて収穫され、普通の冷蔵庫でも三カ月は保存が利くというから、お菓子やジュース作りにうってつけだ。

お菓子屋さんたちの注目だけではなく、北海道などでもこのりんごを育ててみたい人たちが名乗りをあげて、それに応えるように苗木の販売も行われ始めた。力のある新しい品種は、こんなふうにまたたく間に、広がっていくのがわかる。

藤崎農場では、さらに新しい品種登録の準備を待っているりんごたちもあり、育種が盛んだ。

私も北海道大学では一応、農学部の出身だが、弘前大学には実学が根付いているのに、とても驚かされた。

「大学とかで、こういうのがうまくいかないのは、次に全然つながりのない先生が来るからなんですね。僕も前までは梨をやっていて。でも、鳥取大でも梨の研究では、成果は自分の代では出ない、次の先生に渡して成果を出す、という考えが根付いていたので、次の人はそれをどう活用できるか考えるのを学んでいたようには思います」

松本先生のお話を聞きながら、改めて果実の研究にかかる長い時間を思うようになった。

ところで、りんごの身が紅いと、どうなるのか。切ったときに紅いのはもちろんなのだが、ウエストの美しいガラスケースの中で見ると、その薄くスライスされて、整然と並んだ紅い果肉の美しさは際立っていた。

りんごをそのまま食べるだけでも太ってしまう私が、ケーキまで食べるのはどうかと思うが、これは執筆のための取材である、と自分に言い訳をしてさっそく買い帰った。

白いお皿にのせると、なんとも華やかだ。それに、美味しい。自然の紅の色には華やぎがあり、素直に心が惹《ひ》かれた。紅玉に似た甘酸っぱさと、少しさくっとした食感もそのまま残っている。生地にはピスタチオも混じった、それは美味しいタルトになっていた。

このケーキの販売は二〇一四年からで、十一月上旬に店頭に並び始め、りんごの収穫状況に合わせて販売は終わる。同時期には、よいいちごがないという理由で、いちごショートケーキを置かないというウエストのお菓子を、とても私は信頼している。「紅の夢」は、そこにあってもアイドルのようだった。

お菓子屋さんは、きっとこのりんごを手にすると、さて、どう調理しようかとわくわくするのだろう。そういうのをやはり、夢と呼ぶように思う。

その⑦
赤面の至り
トキのお父さんとお母さん

この頃は、毎日家でりんごを食べるだけでなく、街に珍しいりんごのお菓子が出たよ、と聞くと、待ち合わせていそいそ出かけていくYさんと私である。

先日も、東京の下町、浅草の「スイーツスタジオ　ベルノート」というケーキ屋さんで、やはり、「紅の夢」を使ったタルトの販売をしていると聞きつけ出かけた。

浅草駅から歩くと十分以上はかかる商店街にある小さなケーキ屋さんだが、店主はベルギーで長年修業をされたベテランで、このりんごを知って以来、季節になると赤い身をのせたケーキをショウケースに並べているのだそうだ。店頭で「紅の夢」の断面を紹介しながら、りんごそのものも販売する年もあったそうだが、今年はりんごの身に、少なからず褐変が生じていた。

「半分ほどしか使えなかったんですよ。ただ、私たちが頼んだ時期が遅くて、予《あらかじ》め、状態のいいのはすでに品切れだとは言われていたので、文句は言えないですね」

と、店主はボウルの中に残ったりんごを見せてくれた。

上等なりんごを安定して作るのは大変なことなのだ。「紅の夢」は、果皮にコルクスポットという丸い押印のような傷ができやすいとも聞いている。これもまた、今後取り組まれていく課題なのだろう。

ケーキ屋さんの店主も、翌年以降に生かせるようにと褐変の様子を写真に撮って、青森へ送ったという。

ところでこのケーキ屋さんでは、店内には飲食するスペースがなく、歩いて数分の珈琲店に持ち込んで食べてもよいという決まり。珈琲店でひと息つきながら、我々は、やはり甘酸っぱさの利いたこのタルトを食べた。

「次回はお父さんとお母さんについて書いてみるつもりです」

と、私が食べながら話していると、隣でオム焼きそばなるものを食べていた下町の青年が、顔をあげた。

あ、いや、りんごのお父さんとお母さんのことなんですけどね、と伝えたいような気持ちになったが、後の祭りである。

実は、りんごの原稿を書きながら、一つうやむやにしていることがあった。

りんごの品種紹介を見ていると、必ず「母親」「父親」と書かれている。「ふじ」は、お母さんが「国光」で、お父さんが「デリシャス」である。

「紅の夢」は、母親が「紅玉」で、父親は偶然輸入されてきた赤肉系統の品種である。誰がお父さんかははっきりわからない中で、とびきり美しく生まれてきたりんごである。

青森生まれのＹさんは、やはり「ふじ」が掛け合わされて作られるりんごが基本的に好きだというのが口癖だ。


私もここまで食べてきて好きだなと感じたりんご、たとえば果皮の黄色い「星の金貨」という、物語の名のようなりんごは、お母さんが「ふじ」で、お父さんは「青り３号」であるから、やはりふじ系統である。ふじ系統のりんごは多い。

Ｙさんがとても好きな中生種の「トキ」も、果皮は黄色で、こちらはお父さんが「ふじ」で、お母さんが「王林」である。ふじの収穫を待つまでの間を支える、みずみずしいりんごだ。

お母さんが「デリシャス」で、お父さんが「ゴールデンデリシャス」の掛け合わせでは、実が五百グラムにもなる、真っ赤な「世界一」が生まれているが、この掛け合わせを逆さにすれば、無袋では黄緑色になる「金星《きんせい》」が生まれるというのだから、なんとも奥が深い。それで結局、りんごにとってお父さんとお母さんとは何なの？

あらら、よくわからなくなってきた。

ふじは、国光から高接ぎで更新されたわけだけれど、そうすると国光はお父さんなの？　お母さんなの？

農学部出身でありながら私は、またしても櫛田さんに質問メールを送ってしまった。接ぎ木した場合の土台になるのがお母さんで、上に接ぐのがお父さんとか、そういうことだったでしょうか？　と、訊いた、確かに。

いやあ、こういうのを母校の恥というのである。いろいろ恥はかいてきたが、これまでどなたかにした質問の中でトップテンに入る。

ちなみにおそらく五番目くらいには、お若い日の武豊さんに訊いた、「武さんご自身は、競馬、勝ってます？」というもの。

「いえ、僕らは馬券は買えないですから」と、静かに微笑《ほほえ》まれたのを思い出すと、今も顔が赤くなる、りんごのように。

櫛田さんからも、大変お優しいお返事をいただいた。

〈「交配」とは、雌しべ（母親）に、雄しべ（父親）の花粉をつけて果実ができ、その種子（たね）から育ったもので、両親の遺伝子を引き継いだ子どもです。両親の遺伝子を掛け合わせるから「交配」なのです。動物でいえば卵子（母親）に精子（父親）を掛けて育ったものが子どもであるのと同じです〉

そうだよ、当たり前じゃないか、とパソコンの前でひっくり返りそうになった私である。

〈接ぎ木の場合、例えばもとの体（胴体）である「紅玉」に、「ふじ」や「スターキング」の枝を継いで品種更新をして果実がなったとしても、「紅玉」が親で、「ふじ」や「スターキング」が子どもということはありません。遺伝子の交流がない接ぎ木は親子関係にあたりません〉

接ぎ木に、遺伝子の交流はなかったのだ。ひたすら土台で支える樹であったのだ。

「で、ですよねー」と、私は電話でもないのに、裏返った声を出しそうになる。

櫛田さんのお返事はさらに続いた。

〈従って、交配でできた種子から育った子どもにはひとつとして同じものはないのです。

新しく作る品種はすべて接ぎ木、いわゆるクローンで苗木を育てるか（苗木更新）、大きな木に接ぎ木して増やすのです（高接ぎ更新）。りんごの根は、台木と呼ばれる別のものです〉

まったく情けない執筆者であります。

改めて手元の資料を読むと、りんごの品種改良には、まず「目標を設定」するのがファーストステップとなる。外観や食味、収穫時期などの目標を設定し、それに従って、様々な父親と母親の組み合わせの可能性を見定める。様々な組み合わせの授粉により交配させ、実った果実から、種を採取する。そこから選ばれた果実だけが、新しい品種になる。

たとえば、昭和三十七年に命名、登録されたふじの話は、前に書いた通り。目覚ましい活躍だ。今では青森県内だけで「一千億円産業」といわれるりんごの生産量の半分を占める稼ぎ頭となり、中国やアメリカでも作られる品種となった。

新しい品種の研究には、やっぱり夢がある。

それで、今度からりんごを手に取ったら、いろいろ訊いてみたい。まずはご挨拶代わりに、ねえ、袋をかけられて育ったりんご？　それで、お父さんとお母さんは、何りんご？

その⑧ ぶんぶんぶんマメコバチ りんご園の小さな働き手

毎朝りんごを食べる習慣が、定着しつつある。起きて、手にするりんごの重さや感触、ナイフで切ったときの高揚、そして口に含むとみずみずしさが体いっぱいに広がるうれしさ……私の朝は、なかなか喜びに満ちている。

すぐに机に向かえばよいのだが、りんごをかじりながら本を読むのが、また至福なのである。

この間は、娘が読んでいた本のページを何とはなしにめくり始めたら、止まらなくなり、結局読み切ってしまった。ジョン・グリーンという米国の作家が書いた『ペーパータウン』という小説だ。書店では、ヤングアダルトというコーナーに置かれているだろうか。

物語の主人公たちは、高校生である。主人公が、親に買ってもらったばかりのミニバンで、千七百キロ以上を二十時間以上かけて移動するシーンがある。その旅は、とにかく全速力で移動する必要があり、途中の給油所でコーラやスナック菓子やターキーのサンドイッチなどを慌ててさんざん買い込んだはずなのだが、一つ買い忘れたものがあった。

そう、まさにここに登場するのも、我らのりんごだった。

〈「リンゴがあればな」レイダーがいった。「いま、リンゴがあれば、うまいだろうな」〉（金原瑞人訳、岩波書店）

車に二十時間、ぎゅうぎゅう詰めだ。ずっとハンドルを握っている子もいる。コーラやサンドイッチでは満たされず、りんごを渇望する感覚とは、何だろう。りんごはまだ生きているからなのかと私は感じる。地面に落ちたら、それはふたたび芽を出し、木となって育っていく生きた実だからだ。

もしもレイダーが買い忘れていなかったら、そのとき買っていたりんごはどんなのだったのかと自然と想像してしまう。

おそらく紅玉くらいの大きさの、青りんごだ。少し酸っぱくて、ポケットに入れて歩いても平気な感じの丈夫なりんご。

グラニースミスという、オーストラリアで育成された品種なのではないだろうか。この品種については、また後で調べて書いてみたい。

欧米のハイウェイにあるドライブインなどでも、確かにかごにむき出しのまま山積みにされていて、私たちは自分の手で触れて、好きなものを好きなだけ買い帰ることができる場合が多い。

旅ではじめての国へ行くと、念のため、りんごだけは買っておくことがある。夜中に突然お腹《なか》が空《す》いても、コンビニエンスストアのような店はないこともあるし、りんごなら、ナイフがなくても丸かじりできる。青くて小さなりんごがお守りのように、ホテルの部屋にチェックアウトの日まで置いてあったことも少なくない。

しかし今では、そうしたかご売りのりんごにも、おそらく何かしらの名があって、お父さんりんごもお母さんりんごもあるのだとわかるが、以前は「りんご」としか考えたことがなかった。

前章でりんごができるには、雌しべに雄しべの花粉を授粉して、交配するのだと教わって書いたが、この作業も実は大変奥が深いのもわかってきた。

またしてもお世話になってしまう櫛田さんは、実はご専門が、マメコバチだったそうだ。

りんごの交配は、自然状態の中ではミツバチなどが行い、また果樹園などでは、より確実に行うために人の手による人工授粉も行われてきた。耳かきの反対側に付いている、ふわふわの綿毛部分（梵天《ぼんてん》）に花粉をつけて、一つずつ丹念に授けていくというものだ。

しかし青森では、ここに導入された気鋭の働き手が、マメコバチという小さなハチだった。マメコバチは、花の真ん中に止まって、蜜を吸いながら、脚も同時に動かして花粉を集める習性があるため、体が雌しべの先によく接触する。ミツバチは、蜜集めと花粉集めを別々に行い、ホバリングで花粉集めをしたり、花びらに止まって蜜を吸うこともできるため、マメコバチほど体が雌しべの先に接触しない。マメコバチはミツバチより、授粉の能力がうんと高いそうだ。ある数字では、八十二倍ある、という評価もある。

マメコバチは、もともとはアシガヤを利用した茅葺《かやぶ》きの屋根に巣を作っていた。集めた花粉と蜜を団子にして、ここに卵を産みつけるので、卵から孵《かえ》った幼虫は、すぐに餌を口にすることができる。

一本ずつのストロー状の茅に仕切りを作りながら、オスとメスを産み分けていく。はじめにオスが出ていって、後からメスが飛び出ていくように、出口側にオス、奥側にメスの卵を産みつけていくそうだ。やるもんだな。

春、暖かくなると、オスがまず外へ出て、メスが出てくるのを待つ。メスはあっけなく、オスの交尾を受けて、自分の子どものために餌を集めて卵を産む。

この習性をりんごの授粉に活用しようと、早くは昭和十六年に鶴田町の松山栄久さんという方が、板や木材でマメコバチの巣材を作り増殖を試みた。五所川原の農林学校などでも、マメコバチの講義を学生に行った。

その後、昭和二十一年には、りんごの里である板柳町の隣にある藤崎町で、竹嶋儀助さんという方が町議を務めながら、このハチの飼育をはじめ、昭和三十三年には『マメコ蜂とリンゴの交配』という民間研究の書を残している。

そうした後に、櫛田さんの研究所の先代の方々が、マメコバチの本格的な研究に入り、実際の農家の方々が、広く畑の中で用いるところまでたどり着いている。現在では、青森では、授粉の必要な八割のりんご園で、マメコバチが活躍しているという。

りんごワーク研究所のある板柳町では、「日本一のりんごの里づくり」を掲げているが、早くから地域ぐるみでマメコバチを利用してきた。

この町では、毎年マメコバチ感謝祭、というお祭りが行われるそうだ。どんなお祭りなのか想像もつかないところが、実に楽しい。

その⑨ 王林には蜜はない 蜜はストレスでできる

十二月に入り、Ｙさんと私は様々なりんごを自分たちで調達するようになった。Ｙさんはインターネットなどで調べて、青森から、葉とらずりんごのサンふじと王林の詰め合わせを送ってきてくれた。

私は「冬恋《ふゆこい》」という珍しいりんごを、岩手から見つけた。青森だけではなく他県のりんごも少しかじってみよう、と思う。

Ｙさんが送ってくれた箱は、赤と黄色がきれいに並び、りんごでいえば紅白である。りんごはみんな大きくて堂々たる姿。サンふじは切り分けてみると、蜜がいっぱい詰まっていた。

いつだったかＹさんが冬の時期に「りんごを割って蜜が入っていたら、アイスキャンディのくじ引きで当たりだったようにうれしかった」と話してくれたが、北海道生まれの私にも、その気持ちは少しわかる。

誰より、台所で切り分けている母の声が弾んだ。

「まあ、蜜がたっぷり入ったりんご！」

りんごの種子の詰まった部屋の周囲からじわっと滲《にじ》み出すように、蜜の部分が透き通って見える。それは見るからに甘いに違いない。

ところが、以前櫛田さんが、

「蜜が甘いというわけではないですよ」

と、少し謎めいた言葉を囁《ささや》かれた記憶が、私の中に残っていた。

大体、板柳町のりんごワーク研究所から送ってもらっていたりんごは、蜜は入っていなくても、みんな驚くほど甘くてみずみずしかった。

そんな矢先に、いつも東京で通っているお蕎麦《そば》屋さんで、また新しいりんごと出会った。津軽地方で作られている新種のりんごのようで、名前は忘れたが、輪切りにすると皮の近くまで蜜が入っているという。

こちらの店はつまみもいろいろ美味しく、食後に楽しめるようにいつも旬の果物が店の端っこに何種類か置かれていて、目にも鮮やかだ。

私は目ざとくそのりんごを指差して、あれを最後に食べます、と頼んだ。

「はいよー」と、いつもなら軽妙な返事が来るはずなのだが、その日ばかりは馴染み

の店員さんが、

「うーん、あれね」と、首を捻《ひね》る。

「高いのよ。一つ千円もするの。それでね、はっきり言ってそんなに美味しいのかわからないから、おすすめしないわ」と、言う。

この店が面白いのは、時折、店主が市場なんかで仕入れてきたものに、店員の女性たちが率直に物申すところである。

「そう？　でも私、今りんごを研究中なの」

と、もっともらしいことを言ってもう一度頼もうとしたが、店員の女性は言う。

「私ね、これではっきりわかったの。蜜が入っているからって甘いわけじゃないわね」

私の研究モードは、ここで突然、食べることから調べることへと向かった（最近では、大変珍しいことにだ）。

といっても、すでにほろ酔いで、インターネットで「りんご　蜜」と、入れただけである。それでも、ずいぶん出てきた。りんごの蜜とは何か、という理科の教科書のような内容が。うむうむ、えー？　ほんとうに？　なんて半分感心し、やはり翌日になると、またどうしても櫛田さんに質問メールをお送りしてしまった私である。

今回も、「りんごの蜜」についていただいた優しいお返事をまとめてみる。

〈りんごの蜜と甘さは関係ありません〉

まずその書き出しである。

〈品種により、蜜が入る（入りやすい）ものと、入らない（入りにくい）ものがあります。これは、品種の特性です。「ふじ」「スターキング」「北斗」などは蜜がよく入り、「王林」「つがる」「トキ」「ジョナゴールド」などは、蜜が入りません。蜜が入らなくても「王林」「つがる」「トキ」などは、甘いです〉

櫛田さんはさらに私に新しい言葉を授けてくれた。それは「甘酸適和《かんさんてきわ》」というはじめて目にする、何かいかにもりんごにふさわしい四文字の言葉だった。

人間の味覚は甘味（糖度）と、酸味（酸度）のバランスで感じ方が変わる。ふじはまさに、甘さと酸っぱさがちょうどよい甘酸適和の代表選手であり、王林やトキは糖度が高いが、酸度が低いため、糖度が勝り甘く感じる。

またジョナゴールドや紅玉は糖度も高いが、酸度も高いため、酸度が勝り酸っぱく感じる。

そして肝心の蜜とは何かというと、

〈蜜の正体は、糖アルコールのソルビトールです。りんごにはブドウ糖、果糖、ショ糖が含まれ、その量と割合によって甘さの感じ方が違います。果糖の割合が高いと、より甘く感じる傾向があります。

ソルビトールは、ショ糖の六割程度の甘さしかなく、ですから蜜が甘いということはありません。しかし、収穫時期が遅いほど蜜が多く入るので、蜜が多いほど美味しいと言えます。蜜が入ると見た目にも美味しそうに感じます。ただし、蜜があまり多いと貯蔵中に褐変するので、長期貯蔵には向きません〉

添付していただいた青森県庁ＨＰの記事「おいしいりんごのひみつ」を読むと、こんな記述もあった。

〈葉から果実へ運ばれたソルビトールが（低温などのストレスにより）果糖やしょ糖への変換が順調に行かなくなると細胞と細胞の隙間にたまるようになり、水分を引き寄せます。これが蜜の正体です。蜜入りりんごは熟度の進んだことを示していますが、つまり、蜜自体はさほど甘くないのです〉

さらに他の記事ではこんな記述も見つけた。

〈行き場を失ったソルビトールが蜜〉

りんごの収穫では、北国の寒さが急に押し寄せてくる時期を必ずやどこかで迎えるだろう。岩木山の山頂に見えていた雪がしだいに麓まで下りてくる。

その時期、りんごに加わるストレスがもとで、ソルビトールは行き場を失い蜜を作る。

なんだか詩的な表現にさえ思えてくる。

改めて愛おしく感じられるサンふじの蜜、きれいに見えるように切り分けて、透明なお皿に並べて、朝、一度日に透かして眺めてから食べるようになった。

その⑩
冬恋をかじりつつ ジョニー・アップルシードをひもとく

十二月に入り、りんご園はどこも雪景色だと思うが、まだりんごを美味しく食べている。

ちょっと他県にも食指が動き、頼んでみたのが「冬恋」という岩手のりんご。昔のレコードでいうならジャケ買いである。名前と見た目だけで選んでみたら、これもまた、個性豊かなりんごだった。

何しろ果皮が和紙のような感触で、色も白っぽいのだ。割ってみたら、ぱりっとしていて、中には蜜がたっぷり入っている。だからって甘いわけではないのは、もう勉強ずみ。

だが、このりんごは殊のほか甘い。白い肌のりんごを割ると蜜が出てくるのには、何か雪の中で宝物を見つけたときのようなときめきがあった。

それで、あなたのお父さんとお母さんは何りんご？　という例の質問も、もちろんしてみたところ、「冬恋」はこう答えてくれました。

私の正式な品種名は「はるか」。岩手県滝沢村の岩手大学農学部の園地で生まれた。ゴールデンデリシャスの自然交雑、自然に任せた授粉でできた果実の種を蒔き、それでできた実生から選抜されたものを、丸葉海棠の台木に接ぎ木してできた品種だ。調べてみると花粉親は、スターキングデリシャスだとわかりました。

そうなの？　うーんと、ではこの場合、お父さんとお母さんはどうなるの？　と、また私の頭の中には「？」が回り始める。

種子親がゴールデンデリシャスなのだからお母さん、花粉親がスターキングなのだからお父さん、となるのかな？

このような白っぽいりんごの果皮は、スカーフスキンと呼ぶそうだ。薄い布地を一枚かぶせたような印象、なるほど、うまい呼び名だと感じる。

ところで、デリシャス系統のりんごについては、東奥日報の担当者Hさんとも、メールでやり取りしてきた話があった。

あるメールのタイトルは、〈モモの「りんご」〉となっていた。

私がミヒャエル・エンデの物語『モモ』のことにちがいないと思いながら読み進めていくと、モモとは、青森・三沢市在住のミュージシャンのモモさんのことで、彼女が唄う「りんご」が海を渡った、というお知らせだった。
米軍基地のある三沢の街で小料理屋の若女将《わかおかみ》をしているモモさんには、「りんご」という名曲があり、この唄などを、カーネギーホールで唄ったという記事が添えられてあった。
さっそくＹｏｕＴｕｂｅで探すと、ニューヨークからモモさんが唄をアップしている。
《寒さ残る晩春　白き五枚の花びら
一面に咲いている　あの場所で
ゆるやかな街並　どこまでも広がるような
走る列車の窓から　眺めてる》（工藤もも詞）
画面の中で拝見するに、モモさんご自身が、色が白くて、ショートカットでおりんごみたいに愛らしい。透き通っているのに、力強い歌声だ。
〈三沢はりんご農家がかなり少ない（ひょっとしたらいない）地域ですが、「りんご」に対する思いの深さは青森県民に共通しているものだという好例です〉
と、Ｈさんのメールはなんだか弾むように続いていた。
で、話は三沢でのりんごにまつわる歴史的なエピソードへと続く。

昭和六年のこと、米国人パイロット二人が、懸賞金つきの世界初の太平洋無着陸横断飛行に挑んだ。その四年前の昭和二年に、リンドバーグが大西洋の無着陸横断飛行に成功し、今度は太平洋の無着陸横断飛行への挑戦が懸賞金つきで呼びかけられていた。

日本でも、朝日新聞社が、外国人なら五万円、日本人なら十万円という大金をつけると発表した。

この横断飛行の出発地に、三沢の淋代《さびしろ》海岸は大変適していた。偏西風を利用して最短コースが取れる、また砂鉄と粘土の混じった海岸の固さにも、飛行士たちは注目した。

しかし、すでに何機かは失敗していた。そのつど地元の三沢の人たちは、宿舎を提供し、滑走路に板を敷き詰め、滑走台を作り、ガソリンの輸送や積み込みまで無償で手助けした。三沢の人たちは、熱狂をもって声援を送ったのである。

八月になって、東京の立川の飛行場に降り立った二人の米国人パイロットが乗っていた飛行機は、ミス・ビードル号である。彼らは本当は世界早回り一周飛行に挑戦中だったが、断念し立ち寄った日本で、朝日新聞の懸賞を知った。

途中、入国審査が通らずスパイ容疑をかけられたのを、たまたま国賓待遇で日本にいたリンドバーグが助けるなどの偶然が幸いし、彼らはこの懸賞に挑むことを決意する。飛行機を改造し、燃料をたくさん積み込んで、離陸すると車輪を切り離す構造に作り替え、十月四日の朝、三沢の淋代海岸をいよいよ出発する。ドラム缶十八本を載せた機体は、三沢の人たちに見送られ、ようやく離陸に成功したという。

このとき地元の婦人が、パイロットたちが機内で食べられるようにと、青森の紅玉を数十個手渡している。

パイロットたちは、途中、エンジン・トラブルに見舞われたり、高度四千三百メートルの濃霧や寒さに震えながらも、正確なコースを飛び続け、約四十一時間の飛行で無事に無着陸横断に成功する。

この噂《うわさ》は、着陸したワシントン州のウェナッチにまたたく間に広がった。

この年の九月には、日本の関東軍が満州事変を起こし、日本を敵視する見方が強まりつつあったが、パイロットたちは三沢の人らの優しさを語り伝えた。

パイロットの一人を迎えに来た母親は、着陸地で青森の紅玉を受け取った。

「日本からのお土産は、これだけだよ」と、パイロットは口にした。機内には、わずか五つの紅玉が、食べ残されていたそうだ。

また彼らは、このりんごの返礼として、日本へ、当時ウェナッチで人気のあった

「リチャードデリシャス」という品種のりんごを一箱送ってきた。しかし、当時は防疫上の問題で、税関はこれをアメリカへ送り返してしまう。

この果実の陸揚げを切に願った、苹果《へいか》（りんごの実のこと）試験場（現在のりんご研究所）の場長、須佐寅三郎《すさとらさぶろう》さんは、だとすれば、代わりに何とか苗木を送っていただけないものかと手紙を書き送る。

そうして届けられたリチャードデリシャスの苗木が接ぎ木され、青森で実を結んだのである。

リチャードデリシャスは、最近ではほとんど見かけなくなったが、果皮の黄色い「星の金貨」（あおり15）は、たどっていくと、花粉親のそのまた花粉親がこのリチャードデリシャスだから、おじいちゃんにあたるようだ。

思えば今、日本で食べられているりんごはすべてといっていいほど、もとは西洋りんごである。平安の頃には野生種が食べられていた記録があるが、どの国の誰にとっても、ひとたび口にした西洋りんごは、禁断の味のたとえにされるほど美味しかったのだ。

りんごの栽培は、おそらく八千年ほど前に始まったろうとされている。古代ギリシアの時代にはすでに、野生種と栽培種が区別されて、接ぎ木で繁殖させる技術もあったろうと言われる。

もともとの原産地は、中央アジアの山岳地帯やコーカサス地方の寒冷地で、ヨーロッパとアジアの二つのルートへ広がったと推測される。

日本が本格的に西洋りんごの栽培を始めるのは、明治に入ってから。日本へはアメリカから導入されたのだが、本来、アメリカのりんご栽培は遅く、十七世紀にアングロサクソン系の移民たちが様々な種を蒔いている。中でも、ジョニー・アップルシードの話が語り継がれている。西部開拓期のジョニー・アップルシードは、新エルサレム教会の教えを説きながら、西部各州にりんごの種を植えて回った。

コーヒーの麻袋でできた外套《がいとう》を着て、壊れた鉄鍋をかぶり、裸足《はだし》だった。教えを綴《つづ》った著書を持ちながら種を蒔く姿は伝説となり、親しまれ、彼が亡くなった日も誕生日もアメリカでは記念日となっている。

その話を教えてくれたのは、翻訳者の坂野耕三さんで、たまたま出かけたマウイ島の書店にも置いてあったという、『Who was Johnny Appleseed?』――『ジョニー・アップルシードって知ってる?』と訳せるだろうか、子ども向けの一冊を見つけて、送ってくださった。

マウイから送られたメール。

〈マウイに残るたった一軒の書店です。マネージャーに本があるか、と訊ねたら、反応がよく話し込んでしまうほど。誰にも知られ、尊敬されている人物であることを改めて知りました。

唯一手に入ったものは、子ども用に書かれたものであるようですが、頁《ページ》をめくりながら目を通してみると、なかなかの内容です。

早速購入しました。日本に帰ってから送りますね。

米人の友人からメールで、自分自身がオハイオ州育ちで、お婆《ばあ》さんからジョニーのお話を聞いて育ったと言っています。そして、そのお婆さんの周りには実際にジョニー・アップルシードを知っていた人もいたそうです。

林檎《りんご》から人の営みがみえてきます〉

『ききりんご紀行』への、なんとうれしい応援だろう。

坂野さんはアメリカにいたときに、ボーイスカウトが野生のりんごを穫る手伝いをした。このりんごは、りんごジュースの材料として買い上げられ、ボーイスカウトの貴重な収入源となるのだが、そんな収穫の際にも、今でもジョニー・アップルシードの話が語り継がれている。

りんごをかじりつつひもといた本によると、移民と先住民の争いを、ジョニーは好まなかった。ジョニーは動物を殺すのさえよくない行いだと思っていて、菜食主義者だった。ひたすら、種を蒔き、果樹園を作った。ジョニーと出会ったネイティブ・アメリカンたちは、ジョニーを「medicine man」だと感じた、という記述もあった。これはうまく訳せないのだが、スピリチュアルな世界における、呪医者のような存在だろうか。

西洋りんごと呼ばれるりんごの始まりは、アジアの寒冷地である。りんごたちは、どんどん海を渡り、交配され、新しい品種へと改良されていった。

日本で最も早くに西洋りんごの栽培を始めたのは、実は北海道である。

私は『大沼ワルツ』という小説を書いたのが縁で、道南の七飯町《ななえちょう》の観光大使となっている。駒ヶ岳の裾野に広がる湿地帯には、大沼、小沼など大小の湖が点在し、なんとも言えないスケール感がある。夏は家族でキャンプをしたり、夕方にサンセットカヌーに乗ったりして親しませてもらってきた土地だが、実はこの地で江戸末期より紅玉をはじめとした果実を栽培していた、ガルトネルというドイツ人農業指導者がいた。

ガルトネルは、江戸末期に七飯町に大きな土地を借用し、西洋式の農業を進めた。

りんご、さくらんぼ、洋梨などの西洋の果実を日本に導入したのも彼であり、故郷の風景にあったブナ林も植林した。しかし、日本は明治の新政府となり、彼に土地の返却を求める。賠償金は支払われたものの、ガルトネルは日本を去った。

この時期作られていたりんごは、いずれも真っ赤な果皮の「紅玉」と、欧米ではマッキントッシュ・レッドと呼ばれる「旭」であり、七飯町では、今もりんごの生産がよく行われ、町の花にはりんごの花が選ばれている。

中宮安一《なかみややすかず》町長は、冬に函館から観光用のSLに乗って訪れた乗客に、サンふじと王林を手渡して歓迎したこともあるそうだ。

「大きなりんごを二つももらうと、それはみんな喜んでくれますよね」

と、話されていた。また、アップルパイも今も町のあちらこちらで作られ、七飯町の名物の一つである

先日うかがった町長の部屋には、ガルトネルの像が飾られていた。

ガルトネルも、日本にりんごの種を蒔いた大切な人である。

その⑪「金星」には〝ちょんまげ〟がある

年を越して食べたりんごに、「金星」がある。ゴールデンデリシャスとデリシャス系の品種の交配で、岩木山の山麓で作られた金色の大きなりんごだ。その昔は、金嶺《きんれい》と呼ばれていたそうだ。

きれいな黄金の肌に、刷毛《はけ》で赤いちょんまげを描いたような色がついている。はじめて目にしたが、新しい品種ではなく、昭和二十九年にはすでに育成されている。長い間ゴールデンデリシャスと国光の掛け合わせだと伝えられてきたそうだ。十一月に収穫されるが、十二月の中旬になって熟して美味しくなる。国光と同じように保存が利き、四月に入っても市販されてきたことも国光に似ているが、この頃の遺伝子検査で、花粉親は違うデリシャス系とわかった。

「金星」は皮がかなり黄色く、鮮やかな金色がかって見える。

手にしっかり大きさを伝える大玉で、ナイフでカットしてみると、身はきめ細かくふわっと柔らかく、農家の紹介文にはバナナの香りとあったが、私には洋梨のような香りに思えた。

そして、送ってもらった分にはすべて、黄色いはずの皮の一部に、ちょんまげみたいな赤い線があった。赤い絵の具を一筆だけさっと撫《な》でたような線なのだが、これが実に可愛らしい。「金星」たちのちょんまげをずらりと並べて、思わず写真を撮ってしまった。

ところで、この赤いちょんまげがはたしてどうしてできるのか調べてみた。

収穫されたりんごの商品紹介で、品種とは別に気になる単語が二つある。

一つは「サン」。たとえば同じふじでも、ただのふじとサンふじがある。これについては、以前に書いた通り、サンは袋がけをせずに栽培し、よく太陽に当たったりんご。こういうりんごにサンと命名するようになったのは、りんごの生産量第二位の長野県である。

もう一つ栽培法の区別となっているのが、「葉とらず」という言葉ではないだろうか。

文字通り、葉を取らずに栽培するのはわかるが、わざわざそれを知らせるラベルが付けられていることもあるくらいで、つまり、葉を取るのが主流なのだろうか。

なぜ葉を取るのか？　これもやはり、果皮の色付きをよくするためだと櫛田さんに教わった。

大きくてきれいなりんごが作られるためには、りんごはまず花々の中から中心花を残して花摘みされ、次は実の選別である実すぐりをされ、実ったりんごは玉回しという向きを変える作業をされて、周囲の葉を間引かれ、均等に光が当たるよう育てられる。

しかし、この葉取り作業も農家の人たちには手間がかかり、本来は葉とらずりんごとは、葉取り作業を省いたりんご、の呼び名であった。ところが、葉を残すことで、りんごの糖度が上がることがわかってきて、一九九〇年代からは、葉とらずの栽培法は、見た目よりも味重視で、積極的に採用されるようになってきたという。

美味しいりんごのためには、本来燦々《さんさん》と光を当てたほうがよいのだし、葉だって取らなくてもよいわけだが、人は美しいものが好きだからと、手をかけられてきたことが、りんごにはいろいろある。袋かけして育てるのもそうだ。

なので、「葉とらず」と「サン」のついたりんごには、もしも見た目が悪くても、きっとのびやかな味わいがあります。

さて、ではここに並んだ「金星」のちょんまげは、なんの印なのだろう。

この答えは、私には何か格別に切なかった。金星は、袋をかけて育てると、鮮やかな金色になるが、袋をかけないと、見た目が相当に美味しそうではなく育ってしまう。写真で見ても、これは確かに美味しそうには見えない。果皮の表面がざらつき、濃い色のそばかすのような斑点がつき、サビと表現される変色した状態ができる。『源氏物語』の末摘花《すえつむはな》が思わず脳裏をよぎる。味にはまったく問題はないというのに。

そのため、贈答用にはとても向かないりんごになってしまうし、確かに、よほどのりんご通ではないと、手が伸びないかもしれない。いや、りんご通は十二月に市場にほんの時折並ぶ無袋の金星を楽しみにしているとも聞く。

だが通常、金星は袋かけしてざらつきや斑点が出ないように育てられる。そして、収穫が近づいた最後の時期に、袋を少し破って光に当てると、三日月のような赤い線が入る。こうしてできた金星を特別に「三日月金星」と呼ぶのだそうだ。なんと私は、三日月という美しい表現を、ちょんまげと呼んでいたことが判明！

申し訳ないから言うわけではないが、最後に少しだけお日さまに当てることを思いつかれたのはどなただったのだろう。お嫁に行くりんごに、お前だって本当は立派で美味しいりんごなんだよ、と語りかける声が聞こえてきそうに思え、思わず一つを両手に取った。

その⑫ ここで振り返る、「彩香」の玉まわし

思えば、昨夏はじめて食べたりんごは、農園で拾ったりんごだった。もうここで何度も書かせていただいている、青産りんご研こと、青森県産業技術センターりんご研究所（ここで新しく生み出される品種にはすべて「あおり○」、または「青り○号」と名前がつく、青森りんご研究の殿堂である）を、春に続いてふたたびうかがったときのことだ。季節は九月初旬、向かう道すがらも早生種のりんごはたわわに実り始めていた。

「食べたいな」

車の中で私が呟《つぶや》くと、横でYさんも同じように言う。

「食べたいですね」

だったらどこかでりんごを買おうか、とも話すのだが、その頃「九月のりんご問題」があって、まず、今年収穫したばかりのりんごを探そうと話していた。

その日も、櫛田さんに事務室でお話をうかがっていたのだが、私の物分かりがあまりに悪く、少し困らせていた。

りんごの生育過程の中の「玉まわし」という作業の意味が、何度訊いてもわからない。陽光が満遍なく当たるようにりんごを回すのはわかったが、りんごは樹からぶら下がっているはずだから、地面に平行に回すイメージしかない。

「こうですね？　え？　違うんですか？　どういうことだろう」

その日の録音テープを聞くと、そんな私の声が何度も入っている。櫛田さんはついに、農場へ行ってやってみましょう、と誘ってくださった。

農場には、おそらく何百もの種のりんごがそれぞれ試験栽培されている。品種や栽培法、農薬や生物農薬、マメコバチなど、あらゆる試みの片鱗《へんりん》が私にも少しずつ見えるようになっていた。

はじめてうかがった六月のときには、未成熟の小さなりんごが鈴なりになっていたのが一番目についたろうか。

そのとき、りんごが流した涙もはじめて見た。身にモモシンクイガなどの虫が入ると、りんごから果汁が溢《あふ》れ出す。「りんごの涙です」と、櫛田さんはにこやかにおっしゃって、そのやりとり以来、私にとってのりんご先生となった。

九月にはさらに、立派なりんごもたくさん実っていたが、「彩香《さいか》」と呼ばれる鮮やかで深い紅色に染まったりんごのたわわに実った樹林へと、案内してもらった。

このりんごは、この地で「あおり9」として一九七七年に育成された、あかねと王林の交配品種だ。果実の名前が彩香として商標登録されており、ここから選別された果実は皇室にも運ばれると、新聞社の方からはひそかに聞かされていた。黒星病や赤星病にも強く、中心となる果実は落ちないが、側花から出てくる幼い果実は自然と落下する、自己摘果性があるという。本来なら、一つ一つ手もぎで摘果する作業が省けるのは、農家の人を大いに助ける。しかし、専門的なことで難しいのだが、染色体が三倍体といって奇数なので、うまく生殖細胞が作れない。交配親にはなれない宿命があるそうだ。ジョナゴールドや陸奥《むつ》、弘前大学で塩崎雄之輔先生が開発された、大きくてよく香る青りんご、弘大みさきも同様である（このりんごでつくったジュースは、緑色がかっており、とても印象深いのだが）。

彩香は、いろいろな病害にも強い品種だそうで、袋をかけられずにいずれも姿形よく実っていた。

食べたいな、という気持ちをぐっと抑えて、玉まわしを習う。

「色のついたほうをね、お日さまの当たらない下側に向けるんです」

そのときはじめてわかった。なんと、りんごが上を向いて実っているではないか。上を向いたり、斜め上を向いたり。「うっそー」と、思わず心の中で叫んでしまう。あんな重たいりんごが、細いつる一本に支えられて、みんなで新体操をしているみたいに、あちらこちらを向いて逆立ちしているのだ！

　りんごの片側だけが日に当たらないように、くるっと下に向けてあげるのが、玉まわし。

「いや、ようくわかりました。これは見ないとわからないですね」

「やっていいよ」

　つるが折れないか心配になるのだが、これが思いの外、しなやかだった。案外言うことを聞いて、下を向いてくれる。そろそろ上向きにも疲れていたのかな、もっと全身で日の光を浴びたいところだったのかな、なんていうりんごの気持ちになる、楽しい玉まわしだった。

　事務室へ帰ろうとしていたら、

「これ、ついでにいきます。ニュートンが万有引力を発見したりんごです。ニュートンの実家に生えてました。それを記念してこっちに持ってきたんです。りんごの品種としては、『ケントの花』、別名は『ニュートンのりんご』です」

こちらは、まだ青りんごである。

説明書きによると、英国のニュートンの家にあった樹を接ぎ木して子孫が育てられ、一九六四年に、日英の研究者の交流の記念として、日本へ送られた。しかし、送られた樹には、検疫でりんごを枯らしてしまうウイルスがあるのが判明し、東京大学の植物園で隔離しながら時間をかけてウイルスの除去がなされ、一九八〇年になってようやく外に出された。今は青森にも数カ所にある。

櫛田さんが指差したりんごの樹の周りには、その貴重な実がいくつも落ちていた。

「りんごの種類によっては、熟期を迎えると、こうしてひとりでにぼたぼた落ちてきます。ふじなんかは落ちないけど、つがるの実は落ちるんです」

ニュートンの家のりんごがもしも、ふじだったら、万有引力は発見されなかったわけだ。

「まだ落ちたばかり、きれい」

Yさんは、その実を見つめている。

「落ちたものは、食べてもいいですよ」

櫛田さんからそう聞いたとたんに、我々は拾ったりんごをジーンズでこすって、それぞれいきなりかじりついていたわけだった。

「美味しい。甘酸っぱくて、好きな味だ」

Yさんが言い、

「十分美味しいです。これ」と、私も頷《うなず》く。

「美味しくないでしょ。ニュートンの頃はたぶんりんごって美味しいのは開発されてないから、それでよかったんじゃないかな」

それでも嬉々《きき》として、拾ったりんごを食べる私たちが不憫《ふびん》だったのか、櫛田さんは、

「こっちは『彩香』だけど、試食していいものがあるか、訊いてきますよ」

とどこかへ行き、そして戻ってくると、一人二つまで、もいでいいと許可してくれた。

感激である。生まれてはじめてりんごをもいだ。よく色づいた紅色の深いりんごを慎重に選び、手をかける。

「これをくいっと上にあげるんですよ。今度は回すんじゃなくて。つるをちゃんとりんごのほうに残さないと」

これとは、りんごのつるの部分である。つるをりんごにつけたままもぐのが大事。そうだよな、よくりんごの絵といえば、このつるがついている。

しかしこのとき谷村、どうにもうまくできなかった。つるがひょろっと枝に残る。

「あ、これ失敗。言ったでしょう。つるごと取ってほしいんですよ」

それでもう一つ許された分をやってみたのだが、またまたうまくいかなかった。小さいときから、こうやりなさいと言われると、やたらと失敗するタイプだったのをこんなときに思い出す。卒業証書をもらって、反対側の階段を下りていったり。

「つるを残すとなぜだめかというと、このつるから病気が侵入するんですよ」

「すみません」

「だからそうならないように、こうやって一度上にあげて、下げるんです」と、櫛田さん。

「あ、葉っぱまでついてきちゃった」と、Yさんはうまくやっている。

事務室に戻って、「彩香」の試食となった。ナイフをお借りして、さくっと割って皮ごとかじりついた。真紅のような深く色づいた果皮に対し、きめの整った純白に近い果肉だ。歯にさくっと当たり、口の中いっぱいに、酸味混じりの美味しい果汁を広げた。そのときのりんごの美味しさ、果汁がしみ渡ってくる感じ、忘れられない。

そのあともう一度、ニュートンのりんごをかじってみたが、もうあまり味がしなかった。味の濃さがこんなに違うんだと思った。

櫛田さんは、今年の彩香をどれどれという具合に、きちんと皮をむいて食べている。

「うん、けっこう美味しいね」

今年のりんごを、穫ったばかりのりんごをかじる、その時間こそを味わった気がしたのだ。

その⑬ 無肥料栽培のサンふじ　一月でも蜜がみずみずしく

一月に入って私がりんごを頼んだのは、津軽平野の南端、平川市にある内山果樹園である。津軽の中でも、寒暖の差や豊かな水源に恵まれた農業の盛んな土地と聞いている。

そちらのりんご園を営まれる内山家の息子さんと、年末に北海道で医療関係の仕事で出会ったのがご縁で頼んでみた。

ご実家の農園は、弟さんが継がれている。

果樹園についてホームページを拝見すると、息子さんと同じように、いや、もしかしたらそれ以上に精悍《せいかん》な印象のお父さまが、りんご園に立っている案内が見つかった。

案内の文面には、あるこだわりが感じられた。

樹木には肥料を使わず、土壌には微生物の働きを活発にするための米ぬかや貝化石肥料などを用いる栽培法で、美味しいりんごを育てている。品種はサンふじだと紹介されていた。

もう年が明けてしまった時期ではあったが、一箱お願いしてみた。到着した真っ赤なりんごを手に取ってみる。身が硬く引きしまっている印象があった。

さっそくナイフで割ってみる。このとき大変ときめくのは、いつもと同じだ。一体、どんな味のりんごに出会えるだろう。

すると、内山さんのりんごは、一月も半ばを越していたのに、蜜がたっぷりと入っていた。身はぱりっと美味しい。味も格別に濃いように思えた。美味しいときは、すぐにYさんへも届けるのだが、彼女からも「絶品ですね」と興奮気味の連絡が入った次第だった。

りんごの栽培について、これまでも多くの方々にあれこれうかがいながら書いてきたが、そういえば「美味しいりんご」を育てる秘訣《ひけつ》を、まだどなたにもうかがっていなかったかもしれないと省みる。

そもそも美味しいとは、どういうことなのか、自分でもきちんと見つめていなかった気がした。美味しい！　と、ただ感動しておしまいでは、ききりんごとは言えないよな。

思い切って果樹園にお電話をしてみると、はじめおばあちゃまが出られて、二度目の電話で、園主の内山さんとお話ができた。ご家族で営まれている果樹園の温かい雰囲気が伝わってきた。内山さんのお話は、大変興味深かった。

以前は普通に化学肥料を使っていたが、気候の変動に伴って、窒素の効きが樹木に悪い影響を及ぼしているように感じるようになった。秋口になればもう、窒素の効きがなくなってほしいのだが、十月になっても気温が高く、雨も降る。窒素がその時期にも効いてくる。りんごの樹が弱ってきているようにも感じた。りんごの色は不鮮明だし、味ののりもいまいち、つる割れも始まった。

思い切って、肥料をやめてみようと思った。化学肥料も有機配合肥料もやめた。代わりに米ぬかや堆肥を与えた。

「最初、父親なんかはえらい心配してね」

それでも最初三年くらいは、まだ化学肥料が効いているように感じていたそうだ。

「四年目くらいになると、樹の伸びが劣ってきて、りんごも小さめになった。だから春の剪定作業のときに、コンパクトな樹に切り戻して、樹を若返らせたんだよね」

私は正確なことはわからないが、それは「奇跡のリンゴ」の木村さんとも似た考え方でしょうかと訊ねてみた。

「木村秋則さんかい？　いや、お会いしたこともないんだけど、たまたま女房の関係で、知人から、木村さんが土の表面に肥料がなければ植物の根は逆に下へ向かって深く伸びていく、と話していたと聞いたんです。それで目覚めたんですよ。一理も二理もあると思った。これは間違いない。直感があった。私のところは農薬なしはできないけど、樹にとって大事なのは、ミネラルの吸収だと思うんです。十和田湖なんか行っても、岩石の隙間から松が生えているでしょう？　岩石を溶かして養分を吸う力が、根にはあるんです」

淡々と話される声が、逆に力強く心に届いた。

「それでなのか、りんごの味がとても濃く感じました」と、私もお伝えしたら、

「そうかい？　いや、私たちも、りんごの味がなんていうか自然の味というか、野性味を帯びた味に感じるようになったんです」

野性味を帯びた味、それだ。それをして私もYさんも、このりんごを美味しいと素直に感じたのだなと思いながら聞いていた。

化学肥料をやめてもう、七年がたつそうだ。肥料を与えないと、根は地中深くまで伸びる。りんごは腐りにくくなるともいう。

「ぜひ、りんご園に遊びに来てくださいよ」

この頃私は、そう言ってもらえるのが、一番うれしい。りんごのお父さん、お母さ

んに会いにうかがうような気がするのだ。

りんごの栽培方法の中で、今回うかがったのは土壌のことだった。

「よかれと思って撒《ま》いていた肥料が樹の元気をなくしていく気がした」

振り返ってそう話された内山さんの言葉は、どこか子育ての話にも似ている。人間には行きすぎるときがある。どんどん改良されていったはずの肥料だが、思い切って手放そうとする人たちも出てきているのかもしれない、とふと感じた内山さんのお話だった。


こんなやりとりをしていた時期に、東奥日報のHさんからは、新聞に掲載された「雪蔵」の記事が送られてきた。雪に蔵と書いて、ゆきくら、またはゆきぐら、と読むようだ。せつぞうではない。

つがる市のりんご農家の方十人が、昔ながらの、雪の中で貯蔵する方法を始めて、こちらも七年目になるという。

今年は四十トンものりんごたちが、長期保存の利く、最先端のCA貯蔵（のちほど詳しく）とは別に、あえて「雪の蔵」に埋められた。

記事によると、りんごのケースに鮮度を保つためのシートをかけて、その上から雪をかけていく。写真にはブルドーザーも写っている。

高さ三メートルもの、大きなかまくらができ上がったとか。

十一月に収穫されたサンふじなどが、三月初旬まで雪の中で貯蔵される。掘り起こされたときには「もぎたてのようなしゃきしゃきの歯応えになる」と書いてあった。

雪は天然の冷蔵庫。積雪の多い津軽地方では、古くより果実や野菜の貯蔵に雪が使われてきた。農業だけでなく、最近では六ヶ所村に二〇一五年に完成した大規模データセンターが、コンピューターサーバーの冷却に雪氷を活用しているそうだ。

そうして昔からの貯蔵法を活用されているのだが、「雪蔵」りんごには、さらにこだわりがありそうだ。何しろ、わざわざサンふじが選ばれ埋められている。貯蔵用に栽培、収穫されたりんごではない。

しかも眠らせておく期間が、三月までと、予想外に長い。これも、特別に美味しい、しゃきしゃきした食感のあるりんごへの取り組みの一つのようなのだ。

昔から雪国では、漬物を外に置いた樽《たる》で作る方法がある。私が好きだったのはニシン漬けという、大根や身欠きニシンを麹《こうじ》と漬け込むもので、取り出すと表面に薄氷が張っていて、こちらも、しゃきしゃきというよりは、しゃりしゃりとして、大根が独特に歯触りよく、好きだった。あれも生活の知恵として始まったはずだ。何しろ、雪の中に眠らせるのである。

　私自身にも文字通り雪の中に眠った、ちょっとした思い出がある。山と溪谷社の雑誌で登山のエッセイを連載していたのだが、だんだんやることが本格的になって、雪洞に泊まる実験めいたことをした。もちろん、登山のベテランときちんと装備したうえで行った。

　行く前は、「案外暖かいよ」、などと誘われて、かまくら遊びの延長のように気楽でいたのだが、実際に始めてみると、やはり凍えるほど寒くて、うとっと寝かけてもすぐに目が覚めてしまう。そもそも、天井で雪がきしっきしっと少々不穏な音を立てるので、幾度も夜の薄明かりの中を見渡していた。

　けれど、終わってみると、時折、あの雪の中のなんとも言えない夢うつつのような時間を妙に思い出すのである。

　今頃かまくらの中では、選ばれたりんごたちが肩を並べて時折きしむ雪の音に包まれているのだろう。

その⑭
「奇跡のリンゴ」を科学する
「自然栽培」では、下草も活躍する

りんごの連載中は、ウェブでも読めるようになっていたので、思わぬところからも、「りんごの蜜って、甘くないんだってね」とか、「落ちるのと落ちない品種があるって、知らなかったよ」などと、話題をふられた。

ありがたいことこの上ないのだが、意外な話にも出会っていった。

もうじき、作家の大崎善生さんと一緒に朗読会を開く予定があり、先日はその主催者の方と東京で打ち合わせをしていた。

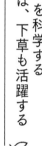

「僕はりんごがこわいんですよね」

と、その方が突然言い出した。

「なぜですか?」

「いや、見かけだけじゃわからないでしょう?　かじってみないと」

その方は、酸味が大の苦手なのだそうだ。だからって、こわいだなんてと思うのだが、わからないではない。楽しみに買って、冷やして、いざ切ってみて好みの味でないと、とてもがっかりする。そのくらい、消費者は心躍らせてりんごを割る。

その方の話はさらに続いた。

「だって、りんごの先生だって、見ただけではわからないと言ってたでしょう?」

どうやら、りんご研究所の櫛田さんの言葉をさしているようだ。櫛田さんがおっしゃっていたのは、かじっただけでは品種まではわからない、とてもききりんごはできないよ、という、ご謙遜だったようにも思うのだが、連載をそんなふうに隅々まで読んでもらえていたのはうれしくて励みになったし、改めてりんごファンの多さを知る機会にもなった。

ところで、私も昨年からおそらくすでに三十種近いりんごをかじらせてもらってきた。さらにサンふじだけでも、五カ所以上の果樹園のりんごを食べる機会をもらった。

食べた時期に違いもあるし、それぞれに大きさも重さも蜜の具合も違っていたのが印象深かったのだが、中でも、化学肥料を使わない内山果樹園のりんごの味の濃さが、私にはやはり衝撃的だった。どうしても他の言葉が見つからないのだが、やはり内山さんがおっしゃった通り、野性味という言葉が胸に残ったままでいる。

手にして、顔を近づけてかじってみると、その向こうにさわさわと緑の葉が揺れるような、そういう印象がふと浮かんだ。

不思議なことに、どんなセンサーが働くのか、娘も夫もこのりんごは皮をむくとすぐにあっという間に食べてしまった。味わい深さを確かめるように、一切れがふた切れになり、続いていく。

そんなおり、『すごい畑のすごい土』（幻冬舎）という一冊の本を読んだ。

著者の杉山修一先生は、弘前大学農学生命科学部教授だ。北海道大学農学部卒業とあるので、私にとっては先輩である。この本の副題は、「無農薬・無肥料・自然栽培の生態学」。杉山先生は、「奇跡のリンゴ園」と呼ばれる、下草のぼうぼう生えた、木村秋則さんのりんご園に出会い、学術的に調査研究を始めた。

この本では、無農薬、無肥料でりんご栽培に成功する秘訣を、「生物の力」としている。土の中に本来存在する無数の微生物に着目し、植物と土壌の互いの関わり合いを探っている。自然界に存在する何がどう働くことにより、肥料や農薬の代わりを果たしているのか？「奇跡」と呼ばれる木村さんのりんご園で起きている、実は大変に奥深い様々な生物の関わり合いを、科学的に解明していく本だった。

私にははじめて出会うこともたくさんあった。まず、作物の栽培法が四種にも分けられているのが驚きだった。

一「慣行栽培」は、「化学肥料と合成農薬を使った通常の農業」
二「有機栽培」は、「化学肥料と合成農薬を使わずに、認可された有機資材だけを使って栽培する農業」
三「放置栽培」は、「化学肥料と合成農薬を使わずに、作物を植えて何もしないで収穫を待つ農業」
四「自然栽培」は、「化学肥料と合成農薬を使わずに、生物の力を使って栽培する農業」

最後の「自然栽培」がこの本で主だって紹介されている、木村さんのりんご園に代表される、栽培法だ。

私も一応、農学部出身なのだが、何もわかっていなかった。有機栽培と自然栽培の区別もついていなかったし、そもそも自然栽培と聞けば、ただ放置するものとばかり思っていたのだが、どうやらキモは「生物の力を使う」にあり、のようだ。

慣行栽培では、下草はすべてりんごの木の成長を阻害する邪魔者とされるが、自然栽培では下草とうまく共存していく。

「多様な種で構成された生物群集」
「群集の秩序」

専門外の私たちにもイメージの膨らむ言葉が、伝わってくる。

〈木村リンゴ園の下草はリンゴの競争者ではなく、リンゴ園の窒素循環を促進するエンジニアとしての機能を果たしているのです〉

果樹園に吹く風や、そこで生きる生き物たちの立てる音や声、息遣いが聞こえてきそうな文章が、随所にちりばめられていた。

生態学では、生物の多様性の重要さが説かれ続ける。りんごの栽培においても、生物の多様性が重要な役割を果たしていると、杉山先生は見ているようだった。

青森は今、雪景色。しかし津軽の慣行栽培では、三月になると枝切り、四月には肥料撒き、下草刈りなどの作業がさっそく始まる。五月にはもう、りんごの花が咲き、授粉作業が始まる。これでもかこれでもかと、手をかけられて育つりんごたち。肥料や農薬できちっと整備した土壌で大きく美しく育てられたりんごは高値になり、外国でも珍重される。見た目にも人を喜ばせるりんごになる。

一方、自然栽培のりんごでは、二月に枝切りはするが、農薬や肥料は撒かない。一年に何度か、薄めた食酢を撒き、多様な生き物の力が互いに関わりあうカオスの中から、果実が育つ。

杉山先生は、木村秋則さんの作るりんごの味を、

「おいしいのです。慣行栽培でつくられた最高級のリンゴとはまた違うおいしさです。みずみずしく、素直で、ほのかに甘い。しかも、腐りにくい」と、表現している。

腐りにくい、と指摘されるのは、内山さんの無肥料のりんごと同じである。

また驚くことに、杉山先生ご自身も、木村さんのりんご園のほど近くに自然栽培のりんご園を作った。杉山先生の果樹園については、取材中に何度か他の方々にも聞いていた。あの先生だば、自分でもりんご作り始めたんだわ、というような青森の方々らしいどこか人懐こい感じのする口調だったように記憶している。

りんごはその栽培法からして、個性とりどりだ。私たちはそうした中から、自分の好みの味わいを見つけることができる。

りんごがこわいと言った方だって、案外じっくり栽培法などを知れば、味わいは推察できるはず。そこからは、勘をふんだんに働かせて楽しんでみてほしい。

その⑮ 決して食べてはならぬ おぼすな様のりんご

本屋さんの店先に並んだ本の中に「りんご」の文字を見つけると、思わず足が止まる。

先日も、表紙に白い五弁の花が描かれている、田中相さんが描かれた『千年万年りんごの子』（講談社）というコミックに出会い、思わず買い帰った。全部で三巻。

さっそくコーヒーを淹《い》れて、ページを開き始める。コミックは、日頃はあまり読まないのだが、大きなりんごの樹の絵から始まるこの物語には、すぐに惹き込まれていった。

舞台は、りんご農家の雪深い集落である。

幼い頃に親に捨てられ、拾われた先の東京のお寺で大学まで出してもらった、雪之丞という青年が主人公。いつも愛想笑いばかりして人とぶつからずに生きてきたのだが、お見合いでりんご農家に婿入りすると、彼に変化が訪れる。

舞台となった時代は現代より少し遡り、りんごの主流は国光である。冒頭の大きな樹も、どうやら国光のようだ。この樹木が実らせてきたりんごで、娘たちも親たちも育った。集落のみんなが、りんごの子なのだ。しかし国光の価格は大きく値崩れし、組合はその対策として、村のりんごの品種更新を一斉に行うようすすめる。

物語の舞台となる「黒森」という地名は実際に青森県内にあるようだが、ここにある「おぼすな様」への信仰が、物語を思わぬ不思議な方向へと導いていく。

おぼすな様を信じる長老が言う。

〈毎年兆《きざ》す　芽・草・花・実

くりかえし　くりかえし

その不思議　これこそが

大いなる神の所業〉

青森に実際そのような信仰があるのかどうかは知らないのだが、繊細な絵で描かれたりんご農家の情景は新鮮だ。果実の中心から描くような、いのちの不思議さを思い出させる物語だった。

またこの本を読んでいるうちに、北海道の友人がつぶやいた言葉も思い起こされてきた。彼女は若い頃はヨーロッパで仕事をしていたが、今は郷里に戻り、地域の振興のための仕事をしている。彼女の案内で栗山という町をドライブした際、アスパラガス畑のあぜ道を車窓に眺めながら、彼女がぽつりとこう言ったのだ。

「農家の人たちは大変だと思ったな。収穫は一年にたった一回だけ。五十年農家をやってもたった五十回しかない。もし失敗したら、その一回がなくなる」

『千年万年りんごの子』で描かれた長老の言葉も、その一回一回を祈るような思いで精魂込めて繰り返してきた人ならではのもの。

それにしても、コミックで国光の価格大暴落の描写に出会おうとは。

もう「今年の剪定も終わっ」たのに、「国光の六割を高接」、「三割を苗木で更新」する、「残り一割は念のため残す」「下の国光の畑は一旦更地にする」。

国光の更新を余儀なくされた時代の、農家の方々の混乱や苦心が伝わってきた。

妙にうれしく読了。

読みつつも、かじる。

いや、りんごが登場する本を読むのも、私にはりんごをかじる時間の一つだ。

実は、木村秋則さんのりんごが知人より送られてきた。弘前のフレンチを牽引する、レストラン山崎で料理用に保管されていた貴重なりんごを、少し分けていただいた。

さっそく、かじる。料理用なので、実は小さいし形も不揃《ふぞろ》いだが、何か愛着を感じる見かけをしていた。

切ってみる。二月中旬の今もぱりっとして、ぎゅっとした強い力が漲《みなぎ》っていた。野性味は、皮や種にまで感じた。とても魅力のある味わい、なんとも言えない。もっとかじりたくなる。

魅力とは、なんだろう。一つには、触れたものの向こうに、思わずイメージが広がることのようにふと思えた。やはり、このりんごをかじればさわさわと緑の葉がそよぎ出すような印象が募った。よい空気に満ちた、下草の間を歩く人の姿を思った。

このりんごを用いた、レストラン山崎のスペシャリテ「奇跡のりんごスープ」は、昨年弘前へ行ったときに、一度味わわせてもらった。ガラスの器によそわれたスープの表面は、ふわっと泡立っていた。ちょうど春の雪どけの頃の、あぜ道の美しさを思い出すようだった。

旅していても、まるでその土地の景色がお皿の上に描かれたかに感じる料理は、いつまでも覚えているものだ。

シェフの山崎隆さんが書かれた『奇跡のりんごスープ物語』（講談社）も改めて拝読した。木村さんとの出会いや、店のスペシャリテとなるそのスープがクリエイトされていく中での心情が描かれていた。

〈世界中に木村さんの自然栽培のすばらしさを広めることが、ぼくの目標でもあります。

「奇跡のりんごスープ物語」を紡ぐ仕事は、木村秋則さんと今生でまためぐりあったことによる使命のひとつです〉

それは〈きれいな地球をとり戻すための道しるべ〉とも、力強い言葉で書かれてあった。

無農薬栽培に関しては様々な意見があるのは承知で言うけれど、きれいな地球のためのきれいな土壌、これも私たちが究極向かうべき、大きなベクトルの一つだと私は思う。

その⑯ 我が胸に！ 青りんご、グラニースミス

週末、三沢出身のシンガー、モモさんのライブを聴きに、Ｙさんと新宿へ出かけた。階段を地下へと下りていった先のライブハウス、壁には無数にポスターが貼ってある。朝家を出るときに、そういえばライブハウスへ行くなんてずいぶん久しぶりだと気づき、慌てて着ていく服を考えた。

ふと、モモさんはきっと「りんご」というあの名曲を歌ってくれるはずだから、りんごの服を着ていこうと、思いついて取り出したのは、青りんごが胸一面にプリントされたＴシャツだ。この連載が始まる前に、Ｙさんが景気付けにと、お揃いで買ってきてくれたものである。

青りんごの絵と聞けば、ピンとくる方もあるだろう。ビートルズのレコードやＣＤのジャケットに使われている、あのアップル・レコードのロゴである。このＴシャツは、ビートルズのファン・アイテムだ。

そうだった、この連載を始めるきっかけになったのは、りんごってどうしてこんなに人に愛されるのだろう、という話からだった。

Yさんと私は旅先にいた。Yさんは、りんご柄の服を着ていて、私はアップル社の黄色いアイフォン5cを手にしていた。

「りんごは形がいいよね」

「どんなデザインにも合うんですよね」

などという話から、そのときにも、ビートルズの英アップル・レコードや、米アップル社のコンピュータにまで話が広がった。私はどちらも好きで、特にコンピュータは最初からずっとアップルを使ってきたので、これまで家では何台、あのかじりかけのりんごマークが活躍してきたか数えられない。

「りんごは実に平和な感じがするね。りんごを手にして、似合わない人は選挙で選ぶのやめるとか、どうだろう？」

旅先でそんな話までした覚えもある。

ところで、米アップル社は、なぜその名前になったのだろうか。

以前からファンの間では諸説あったようだ。

りんごは知恵の木の実だから。

創設者のスティーブ・ジョブズが、野菜と果実だけ食べていて、特にりんご好き。ジョブズは、ビートルズのファンであったから。

会社名を決めるときに、ジョブズがりんごを食べていた。

そもそもAで始まると、電話帳の最初のほうにくるから……などなど。

どれも違ってはいないような気もするのだが、世界的に大ベストセラーになった『スティーブ・ジョブズI』（ウォルター・アイザックソン著、井口耕二訳、講談社）では、ジョブズは著者のアイザックソン氏にこう語っている。この本は、ジョブズが自分の死期を悟って、アイザックソン氏に依頼して実現した自叙伝だ。

〈僕は果食主義を実践していたし、リンゴ農園から帰ってきたところだったし。元気がよくて楽しそうな名前だし、怖い感じがしないのもよかった。アップルなら、コンピュータの語感が少し柔らかくなる。電話帳でアタリよりも前にくるのもよかった〉

ファンが予想していた諸説が当てはまった回答だ。アタリとは、ジョブズが若い日に通った人気のビデオゲームメーカーである。

回答の中では唯一といってよいように、ビートルズだけがその理由から外されているが、ジョブズがビートルズを好きだったのは、大変有名な話だ。彼の「完璧な製品作り」のもとになったのが、ジョン・レノンが何度もメンバーとセッションしながら曲を作り上げていく過程を録音した、海賊版のＣＤであった話も、本には残されている。

しかし、ジョブズのアップル社は、何度も英国のアップル・レコードを含むアップル・コア社より商標権などをめぐり、訴訟を起こされている。大好きな会社に訴えられてしまった形になり、ジョブズはその都度手を打ちつつも、二〇〇七年には、五億ドルを支払う形で、法律的な争いを終えている。最終的には、両アップル社の有するたいがいの権利を、彼が得たに等しい。

アップル製品のかじりかけのりんごのデザインは、はじめからではない。当初のロゴは、モノクロームの版画のようなタッチだ。ニュートンがりんごの木の根元で書物を読んでいる。その向こうに広がっているのは、波しぶきをあげた海岸線である。

ジョブズはこのデザインが気に入らず、アート・ディレクターのヤノフ氏に頼み、今の誰もが知っている、シンプルなデザインを完成させる。最初はレインボーカラーが塗られていた。次が黒、今は白くて、さらにりんごの表面に斜めに線が入って、立体感がある。

そう、私の家にあったはじめてのマッキントッシュのロゴマークも、虹の色だった。ベージュのデスクトップ型、よくその上に、チャイという名の猫が乗って原稿を書く私を見下ろしていた。

りんごがかじりかけである理由にも諸説ある。アップルのａの字がかかって、丸く削れた、とか、Ｂｉｔｅ（かじる）と、Ｂｙｔｅ（情報量の単位）がもじられている、とか。はたまたりんごは、アダムとイブが食べて楽園を追われた禁断の実であるから、などとまで説は発展する。事実、世の中にこんなにパソコン中毒者を生み出したのも、やはりアップルだったろうし、パーソナルコンピュータのできる限界に命を削って挑んだのが、ジョブズだったろう。

そして、アップルのパソコンには当時必ず、マウスがついていた。虹の色のりんごをマウスがかじる。なんて愉快な発想だろうか。

ところで、ジョブズがこだわった英国アップルには、なぜこの名がついたのか。

こちらもまた諸説あるようで、すべてが面白い。

英国の子が最初に覚えるアルファベットが「アップルのＡ」だから。

アダムとイブのエピソードから名付けられた。

リンゴ・スターのりんごが、日本ではアップルのことだからという説まであるが、これだけは違うような気がする。

ここまで書いてきてふと私は、もう一度ジョニー・アップルシードの話を思い出した。

ビートルズもアップルも、世界にりんごの種を蒔いたように思う。

ビートルズが用いた青りんごのデザインモチーフが、ルネ・マグリットのりんごの絵であるのは、よく知られる。近代ポップアートに多大な影響を及ぼした、ベルギーの画家だ。ルネ・マグリットは、自画像でも抽象画でも、よくりんごを描いているが、ポール・マッカートニーは、なんと彼の絵を所有していたのだそうだ。

私のTシャツの青りんごは、私の体型に応じてではないと信じたいのだが、もともと横長に膨らんでいる。おそらく、欧米ではもっともポピュラーな青りんご、グラニースミス・アップルだろう。このりんごは、私も海外で幾度もかじってきた。スーパーマーケットで購入したり、ホテルの朝食会場にもある。

もともとオーストラリアのトーマス・スミス夫人が、シドニーの市場でもらった空き箱に腐りかけのフランス品種のりんごが少し入っていて、その種から偶然できたりんごだと言われている。グラニースミスとは、〝スミスおばあちゃんのりんご〟のような呼称だ。このりんごは、欧米ではどこにでもある、袋かけもせずにのびのび育った青りんごだ。

外国の旅行記に登場するりんごは大抵がこれだし、〈その⑧〉で書いた『ペーパータウン』に出てくるのも、きっとこれだと思う。

毎年十月、原産地のオーストラリアでは、お祭りもある。青森にも樹木はあるが、完熟する前に冬が来てしまうことから、もう少し温暖な地での栽培が望まれるそうだ。生のままだと甘酸っぱく、火を通すと甘さが増す。切っても色があまり変わらず、パイやサラダにもよく使われる。そうか、私の胸にはスミスおばあちゃんのりんごの絵が描かれていたのだな。

で、肝心のモモさんの唄である。緑色のカーディガンを着た色白のモモさんの声は澄み渡っていて、力強く、何か甘酸っぱく、私の心を揺らした。

ありがとう、モモさん、よい週末でしたよ。

その⑰ ホワイトりんご「世界一」の美白

この原稿を書くちょうど一週間前の日曜日、私は真っ赤なりんごを手に、品川駅前の雑踏に立っていた。目の前を走る国道15号には、まだ寒い時期だというのに、手足を風にさらした人たちが、胸にゼッケンをつけて、かっかっと列をなして走っていた。

やがて、その姿が見えてきた。ショートカットに長い手足、Ｙさんである。

「〈タマホーム〉という真っ赤な看板の前で、長ーく伸びる孫の手の先に、真っ赤なりんごを刺して、待っていますからね。もし見つからなくても、あの辺にいたんだなと想像して」

事前の打ち合わせで、私はそう伝えてあったのだが、

「見つけたいんです。応援に来てもらえると、がんばれる気がするので」と、控えめな口調ながら、Ｙさんはそう言う。

マラソンの応援ははじめてだが、走る人と同じくらい、沿道にも人がいるのには驚

かされた。皆さん、応援だって派手だ。大きなプラカードを掲げている人たちや、グループお揃いのユニフォームで応援している人たちもいる。

私とりんごだけで、わかるかな。

「あ、あ、谷村さん！」

しかしYさんは、見つけてくれました。

ランナーの列から、沿道の赤いりんご（を掲げる私）のところまで駆けてきて、走りながらハイタッチをして、またゴールを目指し進んでいった。夕方には、ちゃんと完走したという報告もあった。


さて、今週も私はまったく走ってはいないのだが、りんごだけは食べている。

新聞での連載を読んで、北津軽郡鶴田町にある拓紅園の方が、りんごの箱詰めを送ってくださった。

葉を取らずに栽培されるりんごで、サンふじ、あかね、という赤いりんごの他に、ホワイトりんご、というはじめて見る名前を見つけた。

あかねは、九月の前半には収穫されたものではないだろうか。真っ赤な皮からは想像がつかないほど、純白の身である。小さくて、手にのせると何とも可愛らしい。

またホワイトりんごは、酸味がつんと立つ味で、名前の通り皮が白、というかクリーム色だ。

お礼のお電話で、その品種についてうかがってみると、こちらは品種でいえばふじなのだが、七月二十日過ぎにはさっそく袋かけをして、果皮を白くする。収穫はサンふじと同じ頃だという変わり種だった。

「ホワイトりんごは、うちでは十年くらい前から、ジョナゴールドや世界一、陸奥なんかでもやってます。変わったりんごをほしいと言うお客さんもあるんでね」

たしかに、手にした瞬間に、なんだろう、面白いと、思う。特に、最大で一個一キロの大きさになる世界一が白かったら、驚くだろうと私は想像する。

世界一は、昭和五年にデリシャスとゴールデンデリシャスの交配から始められた研究で、昭和二十一年にはじめて結実、二十六年には最初の選別と段階を踏んだが、その後は広い試験場所を求めて、多くの一般農家に試作を委託した。弘前の栽培家の對《つし》馬《ま》竹《たけ》五《ご》郎《ろう》さんが、最初に結実したりんごの大きさに、「世界一大きいりんごだ」と、宣伝し、その名が広まったというのは、楽しい話だ。

時には、大変高値のつくりんごである。

「うちでは、すべて葉は取りません。葉を取らないとジューシーさが違います。袋をかけていても、もういいかなという時期は、葉っぱが教えてくれます。葉っぱの根元が赤くなってくるからね。あとは袋のお尻をちょっとのぞいたりして、熟度を見ます」

こちらのお話からも改めて、皆さん、それぞれに大切にしている栽培方法があるのだと感じる。

春先、東京では手足を出してマラソンを走る人たちがいるが、北国ではまだ雪の日が続く。それでも風は少しずつ温まってきて、そうすると、農家の方々は、少し湿って重たくなった雪に、りんごの枝が折れてしまわないか心配になるのだという。

りんごの心配をして、りんごに話しかけ、りんごを家族みんなで育てる。

いろいろな子育ての方法があるように、いろいろな栽培方法があるのもわかってきた。

自然との関わりを大切にする栽培法、農薬や肥料を研究して効率よくベストな状態を追求する方法。いろんな家族の感じ方、考え方、子育てがあるのだな、と感じる。

拓紅園から送られてきたりんごにホワイトりんごがあったが、もともとこちらの農園では、絵入りりんごにも取り組まれてきたそうだ。

果実に特殊なシールを貼って、日光写真のような要領で作られる絵入りりんごは、マークドリンゴとも呼ばれる。

古くは十六世紀のフランスで、王族たちのために、紋様入りのりんごが作られていた。西欧の他の国や東欧にも渡っていき、十九世紀には大流行していたが、二度の大戦を経て、袋かけの技術そのものが衰退していった。

二十世紀の半ばを過ぎ、日本でこの絵入りりんごが作られていることが、逆にフランスへと伝わった。これが契機となって、日本の絵入りりんごはベルサイユ宮殿で美しく展示されるなど、異国の人たちの心にアピールし始めた。国際会議の記念品として世界中の出席者に手渡されたり、二〇一五年末にはパリで同時多発テロがあった後の国際環境会議で、会議のロゴがマーキングされたりんごが配られた。このりんごも、青森で製作された。

そのときの新聞記事を見ても、受け取った要人たちの表情が大変柔らかい。思えばりんごの姿形は、それだけでちょうど人の笑顔に似ているのかもしれない。程よくずっしりとした、丸顔のりんご。受け取った人の表情も、思わず和らぐ。同時多発テロの後のパリで、日本から送られたりんごが平和のシンボルとなっていたのだ。

この際のマーキングを担当したのが、弘前市にある佐藤袋店。

袋専門のお店も、青森だけで何軒かはあるそうだ。

有袋栽培の技術が発達して、りんごをムラなく真っ赤に色づかせられるようになったため、塗料やシールで、抜き文字や絵を白く際立たせることができる。袋かけして育てたりんごが、収穫までひと月ほどになったところで袋をはぎ、日光を遮る特殊なシールを貼るのだ。絵には濃淡もつけられるようになっている。

こうして作られる精緻な絵入りりんごは今では工芸品の域で、贈答用なら、中には一つ五万円ほどの値がつくこともある。

マークドリンゴに関しては、弘前大学の松本和浩先生のフェイスブックでも、驚かされる投稿があった。

シリアからのレポートがシェアされている。松本さんたちが以前、シリアでこの技術を伝えたところ、今年はついにアラビア文字で彩られたりんごが収穫された。

なんと書いてあるのだろうか。戦火の絶えないシリアの人々とマークドリンゴ。どこか頑《かたく》なな表情で佇《たたず》んでいる女の人が手にしたりんごには、いろいろな文字が並ぶが、一つだけフランス語の「Je t'aime」（愛しています）が、読めた。

その⑱ ふじ、紅玉、あかねで最高の保存法、ジャム作り

りんごが美味しいうちに、一度ジャムを作ろうと思っていた。べたっとした粘り気の多いのではなく、フレッシュりんごのさくさくしたジャムだ。

りんごを家で保存するのは、結構大変だ。一つずつを新聞紙にくるんでからポリ袋に入れて、温度の一定した冷蔵庫などに置くのが一番。人間の肌と同じで保湿が第一とのこと。りんごから発生するエチレンガスには、他の植物を成熟化させてしまう働きがあって、りんご同士も一つの袋の中で一緒にしないほうがよい。

となると、取り寄せたり、Ｙさんと送り合ったりしているりんごは、冷蔵庫の中でりんごごろごろ、大変な状態となっている。Ｙさんの家も、きっとそう。確か、干しりんごも作ってみると言って、ベランダにキャンプ用の三段式網カゴを据えて、スライスしたりんごを天日干ししていた。

それである日私は、自分の家の冷蔵庫内の様子に腕組みしてしまい、思い切ってジ

ャムを作ろうと決めた。

実は、我が家では基本的に皆、あまりお菓子を食べない。夫と私は毎晩お酒を飲むからだと思うのだが、十四歳の娘まで、おやつに冷蔵庫を開けて生ハムなどを食べている。将来有望ではあるが、大きな箱入りのクッキーなどをもらうと少し困ってしまう。

朝のトーストにも、ジャムをつけているところをほとんど見たことがなかったのだが、ある日、北海道よりお土産にいただいたりんごのジャムは、気づけば一瓶きれいに、指ですくったようになくなっていた。

北海道にも、果物の名産地がある。ニッカウヰスキーのある余市《よいち》のあたりも、もともとりんごの産地だった。朝里岳《あさりだけ》に源流を置き、そこから日本海側の余市湾に向けて、水量を増していく余市川は、アユも生息するきれいな水に恵まれている。

隣接する仁木《にき》町に、もともとの果樹園を用いてNIKI Hills Villageという広大なワイナリーの建設が始まった。

ワイナリーのためのぶどうのほかに、さくらんぼやりんごが実り、やがてはレストランや宿泊施設もできる広大なスケッチを見せてもらって以来、私も楽しみにしている。

この町のふるさと納税の返礼品として用意された、木箱に収められたセットを土産としていただいたのだが、入っていたのはすべてりんごの加工品。NIKI FRUITY WEEKENDのラベルのついた、りんごジュース、瓶詰めのジャム（コンフィチュール）、コンポート、ドライアップル、それに可愛らしい木のスプーンが一本。

「あんまり甘くなくて、おいしかった」

珍しくジャムをひと瓶食べきった娘は、そう言った。

俄然《がぜん》、自分でも作ってみたくなった。何しろりんごなら、冷蔵庫の中で順番を待って勢揃いしている。

ジャムのレシピは、ウェブなどで調べると、無数に出てくる。作る皆さんそれぞれのこだわりがあるようで、果実と砂糖は同量に（そんなに？）とか、レモン汁を入れる、などと紹介されているが、私はフレッシュ・ジャムにこだわって、ウェブ上で公開されていた料理家の栗原はるみさんのレシピを参考にさせてもらった。

皮をむいたりんごをカットして、グラニュー糖をまぶして鍋で煮る。柔らかくなったらざくざくっとマッシュして、あとは水気を飛ばしてでき上がりと、極めて簡単である。その間に瓶を煮沸しておけば、三十分もせずにできてしまう。

仁木町のジャムの原材料の一覧には、りんごの品種の記載がなかったのだが、他の原材料にはちみつも書かれていたので、私は最後の甘みの調整を、これも家にあった、秋田のはちみつで行った。

うわぁ、自分で言うのもなんだが、これは悪くない。トーストしたパンにバター、そしてこのジャムをたっぷりのせて、日曜日の遅い朝食にした。娘は、仁木町のほうが美味しいとはっきり言ってくれたが（確かにそうかもしれないが）、私は大満足だ。ジャム作りって、楽しいんだな。なんというか、ジャムを作るといい人になった気持ちになる大いなる怪しさがある。友人たちにも届けてみたくなる。

もちろん、もともとのりんごが美味しいからなのだが。今回用いたのは、すべて青森産のりんごだ。家にあった、ふじ二つと紅玉一つ、それと拓紅園さんよりいただいたあかねという、カットすると果肉の純白な小さいりんご、三つの品種を自分なりに選んで混ぜてみた。あかねは、紅玉にイギリスのウースターペアメンを交配させた品種で、紅玉より先に収穫になる早生種である。名前も大きさも甘酸っぱさも、私の好きなりんごの一つだ。

グラニュー糖は、もしりんごと同量となるとりんご四つ分！　いやいや、私は小さなあかね一個分も入れていない。ふじのりんご半分くらいの重さを目分量で入れて、はちみつも、たらっとひとかけした程度だ。それで、十分に甘くて美味しい気がした。

どのくらいの分量が出来上がるのかわからなかったので、家にあったいろいろなサイズの瓶を煮沸しておいたのだが、結局りんご四つ分で、五〇〇ccの瓶に三分の一ほどのジャムになった。そう考えると、ジャムとは贅沢《ぜいたく》なものである。

冷蔵庫のりんごたちの真ん中で、ジャムもちょっといい顔をして、並んでいる。

その⑲ スターキングデリシャス スイート・テイストなジュースで蘇る

〈小説家の母が、最近りんごを熱心に追いかけている。家には毎週色々なりんごの箱が届く。一つずつ取り出してかじってみては、農家に取材に行った時の思い出を語ったり、ただ「おいしい」と口にしたりする。とにかく母はりんごに夢中なのだ〉

知らぬ間に私は娘の作文に、このように書かれていた。よく観察しているものである。思わず赤面しつつ、今日も朝からりんごをむいている。

東京ではようやく桜が咲き始め、次第に日射《ひざ》しも強くなってきた。りんごの時期もいよいよ終わりを告げるかと思っていたのだが、以前にも一度書いた〝雪の中で貯蔵するりんご〟を、お届けいただいた。

今年は三月九日に、スーパーマーケットの方々はじめ、各地のバイヤーや仲卸の人たちも見守る中で、掘り起こしが行われたようだ。

〈秋の収穫時の美味しさに雪の中で蓄えられたみずみずしさが加わり、香りのいいりんごの試食を楽しんでおられました〉と、お手紙には書き添えられていた。

　すると、昨日出かけた都内のスーパーマーケットの青果売り場でも、さっそく「雪貯蔵りんご」と書かれたりんごが販売されている。こちらは長野県産。雪貯蔵りんごは、春先に出ていく、目玉りんごになろうとしているのかもしれない。


　ただかじるだけではなく、私はこの春ははじめてジャムを作り、Yさんはなんと家のベランダに青い網カゴをかけて、干しりんごを作った。

　そのうえでYさんは、オリジナルのりんごジュース作りにも興味が湧いてきませんか？　と言ってきて、資料を少し集めてくれた。

　思えば私はこれまで、クッキーやケーキと同じように、あまりジュースというものと親しんでこなかった。飲み物といえば、水、コーヒー、様々なお酒、果汁でいえば、時折、塩をきかせたトマトジュース、くらい。果物は好きなのだが、ジュースもお菓子に近い感覚があった。味が嫌というよりも、太りそうな罪悪感が先に立って困る。

　そういえばYさんは昔から、りんごの収穫の時期が過ぎると、弘前のご実家から送ってもらう、決まったりんごジュースを飲んでいる、と話していたはずだ。お父さまのお墓参りにも、青森ねぶた柄のりんごジュースを運んでいた。

しかし、毎日りんご生活を始めてからは、私にもりんごジュースを飲んでみる機会が少しずつ増えてきた。前にも書いた通り、弘前大学で作られた二つの品種、「紅の夢」の桃色のジュースと「弘大みさき」の薄緑色のジュースは、二本のボトルが並んだだけで、心が躍る鮮やかさがある。

また、銀座にある東奥日報東京支社へはじめて打ち合わせに行ったときも、さすが、青森の新聞社だと思ったのだが、応接室に座るとりんごジュースが出された。

「これ、美味しいですね」

と、思わず口にしたら、

「ええ、ちょっと特別なりんごジュースでして、我々も滅多に飲めません」と、話されていた。

りんごジュースにもきっと、種類や作り方がいろいろあるんだなと、改めて覚えるようになったこの頃だ。何しろ、それぞれに味も香りも違っている。

りんごまるかじり条例の町、板柳町のりんごワーク研究所で発売する完熟アップルジュースは、全国の百貨店などで贈答品として人気を集めるようになっている。瓶のデザインには、樹齢百年の樹木が描かれ、大変キマッている。

「僕らは、もともとはジュース屋なんです。りんご農家に台風などの災害が続きりんごの値が暴落したときに、普通のりんごだけを販売する代わりになる何かをという、町長からの至上命令で始めたんです。他所《よそ》ではコストを下げるために、落下りんごや傷のあるのを混ぜるところもあるようですが、うちでは、木の上で完熟した、生で食べられるりんごを仕入れてジュースにします。だから、一本千円のジュースとか、ジャム八百円とかそういう形になるんです」

そうしてボトルやパッケージもモダンな板柳町のジュースは、百貨店でも扱われる高級品となって出ていく。すべて板柳産の完熟りんごを使っている。

りんごが好きになると、ジュースの紹介を読んでいても楽しい。りんごワーク研究所でオリジナルテイストに使われているのは、紅玉である。リフレッシュテイストには、ジョナゴールドという、りんごが使われている。

このジョナゴールドの名前は、りんご研究所の櫛田さんからも、幾度かうかがってきた。櫛田さんが発音されるとなぜか、そのりんごがより愛しい気持ちになるのだ。

三倍体品種で、果皮が明るい赤に染まるジョナゴールドは、ニューヨークが原産地だ。黄色のゴールデンデリシャスと紅玉の交配種、確かに、そのどちらの雰囲気も併せ持って見えて交配の組み合わせが素人にも覚えやすい。

日本へは昭和四十年代、秋田の果樹試験場を皮切りに導入された。九月頃から色づき、最初は酸味が強く甘みが少ない。これが十月末には、大きく逆転する。酸味は減っていき、甘みが強くなる。早めに収穫されて市場に並ぶ場合もあるので、このりんごを購入するときには、よく見極める必要がある。

室内に置いておくと、りんごの皮からろう質のものが出て、てかてかしたり、べたついたりする、俗に「油《あぶら》あがり」と呼ばれる現象を起こす、など、箱で買うにはちょっと手強《てごわ》いが、俗に言う、うまいりんごの一つなのだ。

となると、ぜひ飲んでみたいジュースではなかろうか。

さらに、スウィートテイストに用いられているりんごは、今では稀少《きしょう》となった、スターキングデリシャスである。アメリカのニュージャージー州の果樹園で、一人の栽培家が見つけたデリシャスの枝変わり。ことさら果皮色が深く真紅のような実ばかりなる枝を見つけ、ひそかに穂木をとって接ぎ木して研究を始めた。これを知った最大手の種苗会社が、枝を高額で買い取りたいと申し出て、栽培家はここで得たお金を息子の学費にしたという。一九二一年の六千ドル、種苗会社はその後、この苗木で幾ら稼ぎ出したことだろう。

日本へは幾つかのルートで入っているが、銀座の千疋屋の齋藤義政さんが、米国種

集英社 新刊案内 9

2019.9.10 ～ 2019.10.9 刊行

注目の新刊

歴史巨編
全3巻完結!!

撮影／石井康義

佐藤賢一

ナポレオン 3 転落篇

10月4日発売 ●本体2、200円

タイトル・内容は一部変更になる場合があります。表示価格は本体価格です。別途、消費税が加算されます。
各書籍の末尾についている数字はISBNコードで、それぞれの頭には978-4-がつきます。

www.shueisha.co.jp

9月19日発売

べしゃる漫画家

森田まさのり
写真／タカハシアキラ

『ろくでなしBLUES』『ROOKIES』『べしゃり暮らし』…累計発行部数7500万部超の漫画家にしてM-1出場を叶えた著者が、漫画と笑いをべしゃりつくす。

本体1,400円
08-788026-7

9月26日発売

不審者

家族四人、平和に暮らしていた里佳子一家のもとに、長年行方不明だった夫の兄が姿を現す。そして明らかになる家族の秘密とは。緊迫のサスペンスミステリ！

伊岡 瞬

本体1,700円
08-771673-3

苗会社より苗木を二本取り寄せ、弘前の栽培家に栽培を依頼している。この栽培家の對馬竹五郎《つしまたけごろう》さんは、のちにふじの育ての親と呼ばれるお二方の一人だ。おそらく齋藤さんと對馬さんの交流は深かったようで、ふじの名を決めるときも、千疋屋さんは「ラッキー」を候補にあげたという話が残っている。

スターキングデリシャスは、大変よく香り深い甘みがある。ただ保存性に乏しく、ぼけやすく（スカスカの劣化した状態になる）、なかなか市場には出回らなくなって久しいようだ。つまり、こちらも今やジュースでこそ、安心して味わえるのかもしれない。

他に、レギュラーブレンドにはふじが用いられ、もう一つ紅玉を使ったものには、クールアップルという名のスパークリングジュースもある。

作り方は、りんごを洗浄、粉砕して、ぎゅっと搾り、殺菌して瓶詰めする、とシンプルだ。粉砕も搾るのも大きな機械を使っているが、娘が赤ん坊の頃に、自分でもやった工程そのもので、なんだかうれしかった。うちの場合は、すり下ろして、熱湯殺菌したガーゼで手搾りしていたのだが。

こういう製法をストレート果汁と呼び、よく目にする濃縮還元の表記は、搾った果汁を一旦、加熱して真空で水分を蒸発させるなりの方法で濃縮させて貯蔵しておき、製品に仕上げる際にふたたび水を加えて均一にする。ジュースは製造過程で網目の細かい布で濾《こ》すと透明なものに、粗い布で濾すと混濁したものになるそうだ。いずれにしても、結局、ここまでシンプルなのだから、りんごが美味しければ、ジュースも美味しいには違いなかった。

平川市で無肥料栽培をされている内山果樹園のジュースには、ラベルに「完熟りんご100％使用」「まさにりんごそのもの」と書かれていた。やはりジュースであっても味が濃く、体が疲れていても、一気に生き返るような風味があった。

ジュース作りで、Yさんが少し調べてくれた中に、津軽りんご加工センターの記事があった。

〈一箱からジュースを作ります〉

自分のりんごを運び込めば、一箱分たったの千円の加工代で、ジュースを作ってくれるというのだ。これは面白いなと思った。

ウェブサイトは素朴で、製造過程も惜しみなく掲載されている。大きな鍋でぐつぐつ煮ているように見える画像もあるので、どうも、りんごを煮てからジュースにするようだ、と連載では書いてしまったのだが、あとになって、他所のジュース作りを知るうちに、はたしてあれは煮ているのだろうか？　という、どうにももやもやした気持ちになり、思い切ってお電話してみた。

するると、

「ああ、東奥日報で書いてくださった方ですね。それを読んで頼みにきてくれた人もいましたよ。私も読んでいました」

外崎裕一《とのさきゆういち》さんという、声の感じからはきっとお若い方が、電話口で朗らかにそう答えてくれた。私のほうは、素人とはいえ勝手気ままに間違いを書いてしまったことを恐縮しつつ、

「あの、今更なんですが、やはりりんごは煮てからジュースにはしないですよね？」

すると、外崎さんは丁寧に正しい工程を教えてくれた。

こちらでは、りんごは圧搾するのではなく、家庭でやるように一度すり下ろしてから果汁を搾る。この搾った果汁を、そのままだと発酵してしまうので、大鍋で九十二度ほどで四十分くらいかけてじっくり加熱殺菌をしてゆく。画像で煮ているように見えたのは、実はこの工程だった。

そんなに加熱しては茹だってしまわないのかとうかがうと、温度がそれ以上にならないように注意深く見るのが大事なのと、アクの中に雑味が出るので、これを取り除くのが大事だと教えてくれた。あとは濾過《ろか》して、殺菌したボトルに詰め込んでいくの

だそうだ。すべて無添加、砂糖も加えない。保存用の瓶や段ボールも販売しており、パッケージのデザインも受け付ける。自分のところのりんごをジュースにして結婚式の引出物などに使う人たちもいるとのことだ。

曖昧なまま連載で書いてしまったことをお詫《わ》びしたのだが、外崎さんは、そんなことはなんでもないと言わんばかりに穏やかだ。りんごに関わる方々に、こんなふうにいろいろ許してもらいながら書き進めているのをつくづく実感する。りんごのすべてを一朝一夕でわかるはずがないんだから、いいんですよ、ということなのか、苦労の多いりんご作りと向き合っていると、寛容になられるのか。それとも、まあ少しくらい間違っても、よくりんごに関心を寄せてくれましたね、という励ましなのか。

「大手さんがジュースの製造方法をあまり公開しないですからね」

と、外崎さんは言う。

「いろいろ秘密があるんですね、きっと」

と、私が言うと、少し笑ってくれた。

「そうですね、美味しくするブレンドだとか、技術があるのでしょうね。僕らのほうは、そういうのはないんでね、うれしいのは、やっぱり美味しいりんごを運んできてもらうときですよね。普段は、農園の仕事をしたあとの時間でジュースを作るので、いいりんごが来るとうれしいですよね。中には、このままじゃどうせ食べられないから、ジュースにでもしようや、というりんごも来ますが、正直少し残念なんです」

もともとはお父さまの代のとき、平成三年に農協の青年部が試みで始めた。今は独立した工場となった。

りんごを運んでくる農家の人たちとの情報交換もできる。今年のりんごで言えば、黒星病が流行《はや》っていて、りんごの変形が懸念されているという。一年一年、りんごの収穫には心配事があるんだなと感じる。

外崎さんとの電話を切ると、りんごジュースも、りんごそのものなんだなという思いが身にしみてきた。


この頃私は、外でお酒を飲んで帰ってきたあとなどに、家でりんごのジュースをコップに一杯飲む。ほんのり甘い果汁が、体にしみ渡るような気がする。

りんごは口にしなくても香りそのものが心を落ち着かせ、快眠効果があるのだそうだ。たとえ口にしなくても（口にして太るなら、ここは大事！）、りんごを（できたら三つほど）、枕元に置くだけでもいいという記事を読み、面白がってYさんにも伝えた。

〈どこまで役に立つんだ、りんご〉とYさんから返事があった。笑い声が聞こえてきそうなメールだった。

その⑳ ジュースの次は、りんごのお酒 トキのシードルもあるんです

板柳町のりんごワーク研究所で販売されているクールアップルという発泡性の飲み物は、グラスに注ぐときらきらと泡立ち、まるでお酒のように見える。青森へ行った帰りに、私は土産にと娘に一本大切に買い帰った。夕食のときに、娘も私たちと一緒に乾杯できていいかと思ったのだが、幾分不審げにこちらを見る。もしや、まだ覚えているのだなと悟った。

あれはまだ娘が七歳の頃だった。フランスの西海岸の海に浮かぶ、世界遺産のモン・サン＝ミッシェルに連れていったことがあった。この島は、引き潮の間に上陸し、満ち潮になる前に帰らねば、その小さな島に一泊する羽目になる。いや、今思えば、泊まればますます贅沢な旅なのだが、パリからバスに乗って出かけた日帰り旅行だったので、案外慌ただしい行程となった。

寺院の長い階段を上っていくことを考えて、まずは腹ごしらえと、石段の途中にあ

る、小さなレストランに入った。名物は、おそらくここでは誰もが一度は食べるであろう、ふわふわのオムレツで、これがかなり大きいツワモノだ。食べても食べても終わらない量に、メニューを見て私は娘に、

「りんごのジュース、飲む?」

と、訊くと素直にうなずくので、頼んであげた。私はすでに白ワインを飲んでいた。

「お酒みたいな味がする」

娘がそう言ったが、はじめはオムレツとの格闘に忙しく、そう? とばかりに聞き流していたのだ。それで、しばらくして、ようやく気づいてそのグラスに手を伸ばした。

まさに、お酒だ。しかも、結構辛口である。そうであった。りんごの発泡酒を、フランスでは「cidre(シードル)」、そう呼ぶのを私はそのときすっかり忘れていたのだ。その表記が英語では、サイダーとなるのである! イギリスでは、サイダーも、若い人たちが飲むりんごのお酒だ。

慌てて謝ったが、娘はすでにほんのり赤い顔をしていた。つまり、それなりに酔っていたのだ。アメリカだったら、母は逮捕されていたかもしれない。いや、冗談ではなく、まじめに。

シードルは、元々フランスのノルマンディー地方などの、ヨーロッパのりんごの産地で作られてきた。りんごは主に、あまりぶどうが向かない土地で作られたようだ。

りんごの外側の果皮には天然の酵母があって、果汁の中には、酵母が発酵するのに必要なブドウ糖が含まれている。そのために、りんごは砕いて一定の時間がたつと、何もしなくても自然とアルコール発酵を始める。酵母がブドウ糖を喰《く》い尽くすと、辛口のシードルができる。ジュース作りでは逆に、この発酵を抑えるために加熱殺菌などをするわけだ。

シードル作り、こうやって知れば、なんだかできそうな気がしてくる。この原理を用いてシードルに、そしてさらに蒸留を繰り返すと、あの透明な食後酒、カルヴァドス地方名産のりんごのブランデーであるカルヴァドスになる。

カルヴァドス地方は、旅するにもとても素敵なところらしい。私も一度行ってみたいと思っている場所の一つだ。実際に旅した人によると、様々なりんごの樹木が植わっていて、樹の周囲には牛もいて下草を食《は》んでいる。背の高いままにした、自然樹形の樹のりんごも用いるようだ。

蒸留所やシードル工房、サイダリーでは見学を許可しているところもあるらしい。

当然日本でもシードルは作られている。この連載を読んで、いろいろなパスを投げかけてくれる元青森放送のアナウンサーの佐々木志織さんも、一度青森で作られたシードルを送ってくれた。確か十一月に入ってすぐの頃だった。紅玉を収穫するタムラファームの、解禁になったばかりのシードルなのだと、きれいな字の手紙に書き添えられてあった。

タムラファームでは、農園でりんごを作り、この紅玉を使ってアップルパイやシードルを作る。「タムラシードル　ＢＲＵＴ 辛口」は二〇一六年、ドイツの国際シードルメッセで、優れたりんごのお酒に与えられる、ポムドール賞も受けている。この辛口には、サンふじと王林とジョナゴールドが用いられている。

志織さんが送ってくれたのは紅玉のシードルで、ワインで言うとボジョレーヌーヴォーのようなものだったように記憶している。

シードルについては、日本ではじめて作られたのが弘前の吉井酒造で、一九五〇年代にはすでに手がけられていた。

またそれ以前の一九三八年には、余市のニッカウヰスキーで、発泡しないりんごのワインが作られているので、りんごのお酒という意味では、余市が先のようだ。

一九六〇年に、シードルを作るニッカ弘前工場ができている。朝日麦酒（現在のアサヒビール）が、吉井酒造との共同出資で朝日シードル株式会社を作り、この事業内容の引き継ぎを、ニッカの竹鶴政孝氏に依頼した。

弘前で作られるニッカのシードルは研究が重ねられ、津軽地方のふじを主に用いて、香料や着色料はもちろん、糖分も炭酸も一滴の水さえも加えずに作られる。りんごを砕くところまではストレートのジュースと同じ工程だが、一定時間置くことで、香りを立たせる。搾ったジュースに、安定した酵母を加えるのは、今はワインを含めて、大抵の酒造会社で行われている。これを四〜八度という低温で三週間ほど発酵させ、加熱をせずに濾過をして瓶詰めする。

飲んでみたいだけでなく、俄然やってみたい気持ちになるのは、その工程がいずれも想像できて人間の営みらしく自然に見えるからだ。

ニッカといえばウイスキーのように思ってきたが、思えばニッカの社名は、創業者の竹鶴氏が、余市で設立した「大日本果汁株式会社」、「日果」から始まっている。NHKの朝ドラで、実は私がはじめて欠かさず観たのが「マッサン」である。そういえば、はじめはりんごジュースが瓶詰めされたんだった。

今もニッカのシードルは、青森を拠点に作られている。基本はふじが主原料だが、スイート、ドライ、ロゼのほか、期間限定で紅玉やトキで作るシードルが販売される。トキは、Yさんにすすめられて私もはじめて食べた。果皮が黄色くて、皮をむいて身が現れるときの色合いのグラデーションが、私もいいなと感じる。それに、果汁が多くてなんとも美味しい。ふじが出る前の季節を支える中生種のトキは、調べてみると、まだ二〇〇四年に登録されたばかりだった。長年、青森のりんごの育種同好会の世話人などを務めた五所川原の土岐傳四郎《ときでんしろう》さんという方が交配育種に成功して、トキ。またたく間に評判となって出回り、人気の品種となった。土岐さんはトキで、りんご産業の功労者に与えられる賞も受けられた。

長年がんばっている育種家には、神様がプレゼントを届ける。松本先生の言葉が、こんなときにふたたび現れてくる。

そのトキでシードルとは、なんだかいいな。

ニッカのスイートのシードルは、ロンドンの国際品評会インターナショナル・サイダー・チャレンジで、二〇一四年から、二年連続、賞を受けた。

姿を変えたりんごたちも、世界で活躍しているのを知って、また乾杯である。

その㉑ バラ科りんごのアレルギー？ 冬の珍事

　忘年会が続いていたある日、私は帰宅後に大きなサンふじを、一人で一個丸ごと食べた。片手だとずっしりと重さを感じたので、四百グラムほどはあったのではないだろうか。

　皮をきれいにむいて、八等分にする。りんごカッターも買ってはあるのだが、日本のりんごは大きすぎてうまく収まらないし、結局手でむくほうが早い。今では、多少酔っていようが、平気である。

　外での会食が続いていた時期で、しゃきしゃきした食感のみずみずしいりんごを、体がやけに欲していた、ように感じた。

「私にもちょうだい」

　と、冬休みで遅い時間まで起きていた娘がお皿をのぞいてきたので、わざわざそのためにもう一つりんごをむいたくらい。食事を終えて帰ってきたはずなのに、とにかく丸ごと一つ抱えて自分だけで食べたい心境だった。

食べ終えると、身も心も満たされた気がして、すぐに眠りについた。

しかし、深夜に異変は生じた。胃を熱い棒でかき回されているように、むかむかする。急に目眩《めまい》もし始めた。

どうしたのだろうと、起き上がって水を一杯飲もうとするが、それだけでも気持ちが悪くて、コップに口をつけるのがやっとだった。

と、そこからはおそらく皆さんも一度くらいはご経験があるのではないかという、体中から水分がすべて外に流れ出ていくというか、あふれ出ていくというか、いっときも座っていられない状態になり、翌朝は夫に抱えられるようにして、病院に運ばれた。

気持ちが悪いだけでなく、私にはそのときにもはや何とも言い難い、心配事が生じていた。

何しろ前夜に食べたのは、りんごなのである。その日に限らず、すでに三カ月以上りんごを食べ続けている。

「先生、私、りんごアレルギーなんじゃないかと思うんです」

もう十年来診てもらっている主治医にそう告げたのには理由もあり、実は吐き出したものはすべてりんごだったという（読者の皆さま、すみません）朝の状況だった。

事実、私の知っている方が一人、りんごのアレルギーだと言っていた。りんごが好きでよく食べていたが、ある日突然食べると唇や口の中が痒《かゆ》くなるようになったらしい。彼が言うには、りんごはバラ科で、さくらんぼや桃だけではなく、アーモンドも同じ仲間だと考えると、アレルギーは十分にありえるでしょ、とのこと。花粉症と同じように、誰にもある日突然アレルギーが発症する可能性があるのだ、と教えてくれた。

医師を前に私の脳裏をよぎっていたのも、その話だった。

医師は、うむと唸り、問診する。

「りんごより他に、この時期だと牡蠣《かき》なんか食べていませんかね？」

「牡蠣？　あ、食べましたけど、一昨日の夜です」

医師はにやりとする。

「まあ、そちらの可能性が大きいでしょうね。牡蠣なんかが運ぶノロウイルスは、三日ほどは潜伏します。りんごのアレルギーを調べるのは構いませんが、つまり胃が動かなくなって、りんごは消化できなかっただけでしょうね」

「一昨日の牡蠣？」

確かに、私は一昨日の晩には、美味しい美味しいと言って牡蠣を食べた。シャンデリアのきらめく人気のフランス料理店で出された前菜で、小粒の生牡蠣に黒胡椒《くろこしょう》をたっぷりかけて、白ワインと一緒に（って、料理番組みたいですが）。あまりに新鮮で美味しかったので、まるで心配はしておらず、むしろ食べたことさえ忘れかけていた。

「そんなこと、あるのでしょうかね？」

「ありますね」と、医師。

夫によると、帰路は、だいぶ元気な顔をしていたそうだ。元気というより、私は心配事からは解放されたのである。よかった、りんごが理由ではなかった。私はまたりんごを食べられるのだ。その安堵感《あんどかん》が、何より大きかったのかもしれない。

りんごの本でこのような話では申し訳ないのだが、実はあれから日に日に、私はあの晩、実はりんごに救われようとしていたのではなかったかと振り返るようになった。何しろ不思議なほど、娘にも分けてやりたくないくらい貪欲に、りんごが食べたくなったのははじめてだった。空腹だったのならまだしも、夕食もすんだ後の時間だったのだ。

あれはもしかしたら、りんごが私の体に回り始めた毒素を吸収しようとしてくれていたのではなかったろうか。

　または、体が熱を持ち始めていたので、りんごに熱を取ってもらおうとしたとも考えられる。記憶に焼きついたすり下ろしりんご、熱が出たらりんごなのだ、という指令が脳より発信されていたのかもしれない。


　イギリスのウエールズ地方には昔から、りんご一日一個で医者いらず、という言い伝えがある。りんごが体にいいという漠然とした話、はたしてその言い伝えは本当なのかを、イギリスのオックスフォード大学が、毎年クリスマスの時期になると発表するユニークな論文のテーマに近年選んでいる。

　ユニークなだけでなく大がかりな論文だが、クリスマスの伝統で、「英国医学雑誌」に発表された。

　調査対象となったのは、五十歳以上の人たち。様々な生活習慣病に関与する脂質異常の治療薬を飲み続ける場合のグループと、薬には頼らず一日一個のりんごが「処方」されたグループで、心筋梗塞や脳卒中で亡くなる人がどれだけ抑えられるかの数を調べた。

　これによると、結果は、やはり薬の処方のほうが少し勝ってはいて、研究者としては、「必要な薬を処方されている人が、薬をりんごに置き換えてよいというわけではない」という大真面目な結果には行き着くのだが、りんごでもかなり、薬に近い成果が享受でき、心筋梗塞や脳卒中で死亡する人は減少する。さらに薬の場合は副作用で糖尿病などの発症を招くが、りんごには副作用はないのである（私は太ったが）。

いや申し訳ない、本来こういう原稿を書くのなら、私も元は理科系女子で、今で言うならリケジョなのだから、もともとの論文、正確な年号や、調査対象の正確な人数、リサーチ結果も知りたいのだが、実は私のこの原稿は、論文を読んだ人が書いたのを読んだ私が書いた、また書きなのである。

しかし、この結果には一目置きたいではないか。一日一個のりんごは、食べるべしと、思いきって結論づけてよいような、素敵なクリスマス論文のニュースだった。

ただしこの話は、日本人は注意深く読む必要があり、イギリスでいうりんごの重量とは、一つ百グラムほどと大変小さい。私が丸ごと食べたような日本のふじでは、平均で三百グラム、大きいと四百グラムはある。これを丸ごと食べていては、やはり太るのだなと改めて感心させられたりんごの重さ問題であった。

毎日食べていてもマラソンを走るようなYさんは、体重も安定してきて、何より

「快腸」なのだそうだ。これにも科学的な根拠があるようで、りんごの繊維、アップルペクチンは、腸でよく働く。肝臓にもよいというし、最近では放射性物質セシウムを排出することもわかり、アップルペクチンはサプリメントとしても販売されている。大地から養分を吸収して育つりんごの実が、人間の体を浄化してくれる。

私は一週間ほどしてすっかりよくなり、台所で薄く切ったりんごを久しぶりに口にした。そのしゃりしゃりした感触を通じて、またみずみずしさが体にも、そして心にも広がった。

疑って、ごめん、りんご。

その㉒ 日本最古木の「祝」りんご長寿の祝いになる

長い冬である。外に出ると、木枯らしが吹きつけてくる色のない東京での冬は、いつまでたっても寒くて長く感じるのは、北国生まれの特徴かもしれない。

Yさんは、この冬は、弘前に里帰りしていた。すっかり雪国の景色となった弘前りんご公園で撮った写真を、送ってきてくれた。

私も以前に一度出かけた場所だが、りんごを運ぶ少女のブロンズ像には気づかなかった。髪の毛を二つに結んだ女の子が、身をそらせ、重たそうにりんごのカゴを運んでいる。よく見ると鼻の上に皺《しわ》をいっぱい寄せて、えーいとふんばっている。女の子は半袖のワンピース姿だから夏の景色だと思うのだが、Yさんの写真では雪をかぶっていて、思わずコートを着せてあげたくなる健気さだ。このブロンズ像は、青森県内に数カ所設置されているようだ。

ブロンズの少女はまだふんばっているが、さすがに農家の方々の収穫はもう終わったことだろう。

無肥料栽培の内山さんの息子さんに会ったときに、高校生のときからご実家を離れているの聞いたので、

「冬は、少しは帰ることができるんですか?」

と、何気なく訊ねた覚えがある。

「せっかく帰っても、冬はうちの親父《おやじ》はスキーに行っているんです。母は出荷などで残りますが、りんご農家にとっては、休めるのは冬だけなんですよね。春、夏、秋はずっとりんごにかかりきりで、親父は冬になるとスキーをやるのが楽しみなんでしょうね」

そうだよな、りんご農家の方にとって冬が唯一のお休みなんだ。

でもその時期に、どうしてもりんごの追加注文をお願いしたくなってしまうな。

そうして、私は毎日りんごを食べている。

収穫したてから時間がたっていくりんごにもまた様々な思いが募るようになってきた。

そんなことを、先日打ち合わせで会った方にも話していた。ホテルのラウンジで一

緒にコーヒーを飲んでいたのだが、するとその方が涙ぐむように一冊の本の思い出を話し始めた。

「少年がりんごの木に、おこづかいがほしいと言ったら、自分の実を売りなさいと言う。家がほしいと言ったら、枝を使いなさい。遠くへ行きたいと言ったら、幹を切って船を作りなさいと言って、最後にもう一度帰ってきたら、切り株に座りなさいと言う。あの話は好きだな。思い出すだけで泣けてきます」

有名な『おおきな木』という絵本の話である。

クールな印象の男性だったが、驚くことにそう言いながら本当に目を潤ませている。私にはその様子が忘れられず、帰宅後久しぶりに書棚の片隅から緑の表紙の、その絵本を探し出した。

著者のシェル・シルヴァスタインは、アメリカのシカゴ生まれ、『ぼくを探しに』という、完全なまん丸になりたくて旅をする、「欠けた形」の主人公の絵本でもよく知られる。

著者は一九九九年にすでに他界していて、日本では、はじめは本田錦一郎さんが翻訳されたが、本田さんも亡くなられ、あすなろ書房の最新版では村上春樹さんが訳されている。

原題は『Ｔｈｅ　Ｇｉｖｉｎｇ　Ｔｒｅｅ』、つまり『与える木』なのだが、日本では本田さんにより『おおきな木』と訳され、長らく定着している本なので、村上春樹さんは題は元のままで訳を改められたそうだ。

村上さんのあとがきでわかるのは、原題では木は「Ｓｈｅ」、彼女と書かれていることだ。

私は、りんごの木を女性だと想像してみたのは、そのあとがきを読んではじめてのことだった。

寛容で、どこまでも大きな恵みを与える木。確かにこの連載をはじめてからりんごに抱く、何か神秘的な感覚はある。土台となる木、接ぎ木されていく木、突然、神様のめぐみのように、枝変わりで新しい品種が生まれることがあるのも知った。強くてじっとそこに立っているけれど、ただ風雪に耐えているというよりは、風や虫たちの訪れをさえ、静かに楽しんでいるように感じる。

絵本はこう始まる。

〈その木は　ひとりの少年のことが　だいすきでした〉

絵本で見ると、りんごはとても背が高い。外国では、時折そんなふうに枝を刈られていない状態の自然樹形の大きなりんごの樹を目にする。りんごの果実は、黙っていても落ちてくるものなのか、それとも長いはしごに登ってもぐのか、不思議に思って見ていたのだが、絵本の表紙では、落ちてくる赤いりんごの果実が描かれている。

少年はこの木に登り、またかくれんぼをして遊ぶ。しかし少年は大きくなっていくにつれ、木にだんだん残酷なことを求めていく。いや、残酷だと感じたのは今子どもを育てている渦中の私なのであって、振り返ったらどこまでも求められる自分を愛おしく思うのかもしれないが。私に話してくれた人が、「思い出すだけで泣けてきます」と言ったのはなぜだったのか、今度会ったらまたりんごの話がしたい。


西洋りんごが日本に渡ったのは、開国して明治になってからである。

のちにりんご王国を築き上げる青森に入ったのは、明治八（一八七五）年、内務省からわずか三本の苗木が県庁に送られたところから、百五十年もたたない現在までに、青森はりんご王国へと成長した。

西洋りんごは日本では、青森よりも海の向こうの北海道にあったガルトネルの農園でのほうが先に栽培されていたはずだし、長野も山形もりんごを作る。だがなぜこんなに青森がりんごの名産地になったのか、「あおもり草子」編集長の杉山陸子《すぎやまみちこ》さんに訊ねてみたことがある。

私がずっとお会いしたかった方で、念願叶《かな》っての対談の場をいただいた。「あおもり草子」は毎号一つのテーマを掘り下げて発行され、このときすでに創刊三十七年。なんと強い意志で続けられていることかと想像するが、実際にお会いする杉山さんは、色白で穏やかな口調の物静かな方だった。

かつて「青函」の結びつきを特集した号では、津軽海峡は二つの土地を隔てているのではなく、むしろ繋《つな》いできたのだとされ、縄文時代から行き来してきたであろう、青森と函館の人たちの交流が刻まれていた。

対談では、青森と函館の人の気質の違いや、刺し子、そしてりんごにも話が及んだ。「りんごが穫れるところは各地にありますが、青森がここまで集中して発達したのはなぜだと思いますか？」

私がお訊ねした質問に、杉山さんは確かこう話された。

「青森の人の気質をひと言で表すと、こだわり、だと思います。りんごもそれぞれの農家にこだわりがあって、作られています」

確かにそうだと、取材で出会った方々を私は思い浮かべていたのだが、そのうえで、こう付け加えられた。

「青森の人は、意外に切った張ったも好きなんだと思うんですね。みかんやいちごでなくりんごなのは、日持ちがするので倉庫に置いて、いつ売るかのタイミングを待つでしょう？　いつ、いくらで売るか、を見計らって、一番いい時に売ってくれる人がいるから、農家の人も安心して作るんじゃないかと思うんです」

なるほど、そのこだわりとは生産者に限った話ではなかったのだ。農家を支える人たちの中には、買い付けや販売をする人たちもいる。

そうだった。昔は札束を持って農家を渡り歩く、買い付け師たちがいたと聞く。

「せば、今年はあんだどこのりんごがいいはんで、うぢで全部買うじゃ」

または青森の駅前には、様々な形でりんごを売る業者があった。箱だとりんごの数が多すぎるので、客が買いやすいよう、小さめのかごに入れて売った。少しでも高く、たくさんりんごを買ってもらうための努力をする人たちも、りんご王国を築いた人たちであるのを忘れてはいけない。

今はこうした販売網がアジアを中心とした、海外にまで広がっている。

現在、日本で最古の西洋りんごの樹も、どうやら青森のつがる市にあるようだ。

最初の苗木が届いて三年後、明治十一年にここに植えられ、農家の方が接ぎ木して育てた木は、今も三本大切に栽培され続けている。うち二本は「紅絞《べにしぼり》」という、遡ると一七三〇年頃に、フランスからの移民によってカナダに運ばれた種ではないかと言われている。日本には北海道の開拓使が導入し、青森へ。明治から昭和の初期にかけては、青森りんごの七大品種の一つだった。

真っ赤に赤く、割ると純白で、若い子が髪につけるかんざしのようだと、玉かんざし（タマカン）と呼ばれていたという。

またもう一本は「祝」で、こちらもアメリカ原産の古い品種だ。祝は青りんごなので果皮は青いが、熟すと縞《しま》模様になったり、色づいたり。「昔風のいわゆるりんごらしい味のりんご」と、『青森県のりんご　改訂版』（公益財団法人青森県りんご協会）という本に、杉山芬《すぎやまかおる》、雍《よう》ご夫妻が書かれていた。読んでいるだけで、思わず口の中に甘酸っぱさが広がった。この本は、今では辞書より頻繁なくらいに毎日頁を開かせてもらっている。

いずれも県の天然記念物に指定され今も実をつけるので、金婚式やご長寿の祝いの席などで喜ばれるそうだ。

漢字で林檎と書くのは、本来は和りんごのことで、西洋りんごは苹果《へいか》とする書き分けもあるのだそうだ。

青森では、栽培農家の方々の取り組みはもちろんだが、一般の方々の庭先にも少なからずりんごの木があるというから、また『おおきな木』を思い出した。

もはや品種名もたどれない「我が家のりんご」を持って集う、コンテストのようなお祭りがあるという。

それぞれのおうちの「おおきな木」の物語、いいな。

その㉓　海の向こうのりんご　海を渡ったりんご

はたしてこのりんごは、どこから運ばれた何りんごだったのだろう。

りんごの思い出は、それぞれのりんごの味わい方にも宿っているのが楽しくてこの頃はついうかがうのだが、小樽の商家で育った方からは、子どもの頃に好きだった、冬にお母さまが作られる、豊かなりんごのおやつの話をうかがった。

りんごは一人分が丸ごと一つ（それが何よりダイナミックで、素敵だった）。芯は、底だけ残してくりぬいておく。ここに、砂糖とレーズン、バターを落として、最後にシナモンを少々削って入れる。

オーブンでゆっくりと焼いて、焼き上がったら、ここに冷たい牛乳を回しかけていく。崩しながら食べていくと、牛乳はりんごの酸味でカッテージチーズのようになり、くずしたりんごとともにスプーンで口に運ぶと、それはもう大変に美味しかったという。

「学校の帰りに友達を十人くらい連れてくると、よく母親が作ってくれましたね。今でも当時の同級生に、お前のうちのあのりんごのおやつは美味しかったなと言われます」

この料理は、おそらく東京の老舗ホテルのレシピだったのではないかというお話である。小樽の商家のご婦人方が、当時は定期的に中央からシェフを招いて料理を教わっていた。小樽が港町として活気づいていた時代だ。

その際、お母さまが教わった料理ではないかとのことだった。

私より年上の方なので、ふじはまだ生まれてもいないし、木箱に詰められた国光が、青函連絡船で運ばれていた時代ではないかと思うのだ。余市などで収穫された紅玉も思い浮かべたが、記憶の中では大きなりんごだったとおっしゃった。

芯さえくりぬいておけば、あとは砂糖やレーズンを入れていくのは、小さな子どもでもできる。子どもたちが、自分の作った料理として、親しむにもよい機会だったそうだ。

小樽は坂が多く、海辺の静かな街だ。そういうおやつがあれば、学校からみんなで一目散に帰ったのだろうなと想像すると、歓声が聞こえてくるような気がした。

以前に読んだドイツの絵本でも、少し似たりんごのムースという料理が出てきた。絵本なので、作るのは森の動物たちで、失恋に効くレシピなんだという。皮ごと切って鍋に入れたりんごと水、砂糖とシナモンスティック、チョウジも少々、これに厚めのレモンスライスを入れて、よく煮る。煮えたら裏ごしして、でき上がり、というりんごのムースのレシピの他に、米を水とミルクで煮るミルクライスに、りんごのスライスと砂糖も少し入れる甘そうな粥《かゆ》なども出てきた。

確かヤノッシュというポーランド人が書いた『恋の悩みにはリンゴムース』（きんのくわがた社）という一冊だった。

ドイツでもやはり、りんごはこよなく愛されている印象がある。

りんごは国別に見ると、生産量も消費量も一位はダントツに中国の独走なのだが、続いてＥＵがどちらも二位を占める。ＥＵというくくりだといかにも広いが、中でもりんごをApfelと綴るドイツでは、国内の各地でりんごの栽培がされているし、様々な料理やお酒になって出てくるのに、旅していても驚かされた記憶がある。

りんごを料理に用いるのは、和食文化の私たちにはどうしても馴染みがなく、以前に書いたように、強引におでんに入れるような試みに至るのだが、ドイツをはじめとした西洋の料理だと、りんごは貴重な味わいをもたらす格好の素材だ。

りんごとたまねぎのタルト（デザートではありません）、りんごやドライフルーツを詰めた七面鳥の胸肉、またはりんごとかぶのサラダ仕立てだったり、少なからずあるようだ。あの甘酸っぱさはバターや肉の脂身とうまく合う食材になり、食べてみるとクセになるような、記憶に深く刻まれる味になる。

まいった、書いているうちに、食べたい食べたい気持ちが疼《うず》き出して、体が勝手に動き出し、立ち上がってしまった。

私は休憩に入ります。

ようし、と腕まくりをし、自分でも焼きりんごを試してみることにしたのだ。

オーブンをセットして、りんごの芯をくりぬく。これは意外に簡単で、私は蟹の身をほぐすへらのようなスプーンでやった。

シナモンは家にはパウダーしかないが、それで代用である。シナモンはりんごとよほど相性がいいのか、どんなレシピにも出てくる。糖質を分解する働きがあるそうだから、たくさんふりかける。レーズンを指でぎゅうぎゅう押し込み、最後にバターをのせて、オーブンに入れた。

これは、たまらない。さっそく甘酸っぱい香りが漂ってきて、これで美味しくないはずがない。匂いに誘われて、娘も部屋から出てくる。

りんごの皮が柔らかく色を溶かし始めたので、もういいかな、と取り出して、深皿にのせた。待望の一瞬だ、冷たい牛乳を回しかけた。

もう待てない。さっそく、ナイフをすくっと……あれ？　いや、もしやがりっと聞こえた？

硬い、硬い、まだまったくもって硬い！

なんてこった、りんごがまだ硬いままではないか！　横で待ち構えていた娘も、ひと口食べて、

「これは普通のりんご」と、部屋へ帰っていった。

どうして私は焼き具合を確かめもせずに、牛乳までかけてしまったのだろう。カッテージチーズになるところを楽しみにしすぎて、気がはやってしまった。

「失敗しちゃったね」

と去っていく娘の背中に声をかける。

後から調べてみると、焼きりんごは、オーブンで四十五分ほどじっくり焼くそうである。時間が足りなすぎた。それで何をしたかといえば、今度はりんごを切り直して

ムースにしようと鍋にかけたが、当然のように牛乳が熱で凝固した。

失敗作をしぶしぶ食べながら、私は想像の中でだけ、かつて北の海辺の街で子どもたちがあげたであろう歓声を楽しむことにした。


ところで、もしも小樽の方が召し上がったりんごが青森から届いていたのなら、と思うと今も青函連絡船で自分自身が揺られた記憶で心躍る。本州と北海道は、ついに五十キロ以上もの距離、海底を駆け抜ける新幹線で結ばれる時代になったが、かつては津軽海峡を連絡船が頻繁に行き来していた。

はじめて乗ったのは、中学校の修学旅行である。弘前城や奥入瀬渓流をめぐる旅だった。青森では、お土産にはなんでもりんごの絵が描かれていたのと、船では揺れる三等の桟敷席で、同じ制服を着た友人たちと右へ左へとりんごのように転がされたのが忘れがたい。津軽海峡の波しぶきを縫うように追いかけてくるイルカを見つけると、皆でデッキに出て歓声をあげた。

また青森側からは、Yさんも元アナウンサーの佐々木志織さんも、函館まで修学旅行で来たそうだ。「青い海　函館の〜」と始まる、なんとも長閑《のどか》な歌を覚えていて歌ってくれた。

まあ、とにかく連絡船は馴染み深かったのだ。

一度、青森から函館へ闇米などを運ぶ担ぎ屋さんにゆかりのある方々に、お話をうかがったことがあった。お二人は、昭和二十九年の台風で遭難した船に乗っていた方のご遺族だった。

ご主人がお米を担いで乗船していたという方、そして、お母さんと弟さんが裁縫した衣類を北海道へ運んだ帰りに遭難したという方。

青森からは米やりんごだけでなく、衣類までそうして様々運ばれていたのだなと感じながらお二人の話をうかがっていたのだが、ここで私はまたも間抜けな質問をしてしまった。

「お米の担ぎ屋さんのお話は折々うかがえるのですが、りんごの担ぎ屋さんにはどうも会えないいんです。ご存知ですか？」

するとお二人はゆっくり顔を見合わせて、表情を崩し、こう言った。

年かさのほうの方が、津軽の柔らかい言葉でこう教えてくれた。

「りんごっていうのは、担がないもね。箱でどんどん運び込んだもんでしょう。担ぐのは米だもの」

「担がない？　そうですね、だからちっとも会えなかったんですね」

〈青森からのかつぎ屋たちは、床にどっかりと腰を降ろし、相変わらず逞《たくま》しい。米一俵、重さにして六十キロ以上にもなる闇米を背中におぶい、両腕にも提げてやって来る。子を引き連れて歩いている女もいる。函館駅前に立てられる市で売《う》り捌《さば》くと、またとんぼ返りして、青森へ。一日に二往復も三往復もするのだという。乳飲み子を抱えたまま行き来する女たちは、待合室でも臆面もなく乳房を出して、乳をやり始める〉

私が二〇一二年に発表した『尋ね人』（新潮社）という小説の中の描写だ。

今回ご遺族の方々には、この小説を書いたあとに出会ったのだが、八十代を迎えられてなおいずれもお元気で、手先が器用で、自らこしらえた衣類を着ておしゃれだった。

「りんごは好きですか？」

「りんごは私たちは買わねえけどね、とれるときは毎日食べますよ」

付き添いのお嫁さんは、こう言った。

「あら、この頃は私もちゃんと箱で買って、東京なんかにいる娘の嫁ぎ先には送るんですよ。美味しいって言われてるりんごはやっぱり美味しいですもんね」

「あら、そうだのが」

愛おしいやり取りだなと感じながら聞いていた。

その㉔ ジョナゴールドの皮は、べたべたしてきて正解！

りんごの保存法を、今更ながら教わった。

セザンヌの静物画にあるように、テーブルの上にはコンポート皿があり、そこにりんごや様々な果物がのっている。部屋の中にほのかに甘い香りが漂う。

これまで私もよくそうしてりんごを「飾って」きた気がするが、どうやらりんごは「置き物」ではないようなのだ。そうしておけば、りんごはすぐに悪くなり、香りも飛んでしまう。

最近は箱でりんごを求めているので、農家の方々が提唱するりんごの保存法を、同封のしおりなどで知る。〈人間のお肌と同じで、保湿が大事です〉などと、書かれている！

前にも書いたが、りんごは一つずつ新聞紙などでくるみ、温度の一定した冷蔵庫などに置くのが一番とのこと。もう一度書くが、りんごはエチレンガスを出し合うので、りんご同士も一緒にしないほうがよいのである。ガスなんか見えないけどなーと、なんでも疑ってかかってみるのだが、一個だけをジップロックに入れておいたら、ジップロックの中がぱんぱんに膨れていた。出していますぞ、ガスを。と、こんな話を得意気にしていたら（この頃私によくある現象）、友人が、ほろ苦い思い出話をしてくれた。彼女の家でも、りんごはお皿に並べてリビングに置く習慣があった。

彼女との結婚を申し込みに来た男性がいた。彼はまあ、ぺらぺらとよくしゃべる。彼がいる間は、お父さんも辛抱強く話に付き合っていたのだが、彼が帰ってみると、コンポート皿のりんごの一つ一つが、いつの間にかぴかぴかになっていた、というのだ。お父さんは、膝の上でずっと、りんごをこすっていたのである。

この結婚は、どうもうまくいかなかったようである。

ところで、りんごの皮とは一体どうなっているのだろう。紅玉のようなりんごの皮にははじめからてりがあるし、ふじなどはデニム地などの粗い布でお父さんのようにこすったりすると、ぴかぴかになる。

ぴかぴかしている成分は、実は見た目の通りワックスである。外から塗ったわけではなく、りんごの表皮から染み出してくる自然のろう物質。どんな品種も、こすれば摩擦熱で、りんごの表面のろう物質が溶け出してくる。

さらに、表面がべたついてくるりんごにも、皆さん覚えはないだろうか。あれは、別に悪くなったわけではなくて、表皮からにじみ出てくる脂肪酸が原因なのだという。りんごの「油あがり」と表現する。なんとなく、また自分の顔に触れてしまいそうな表現である。

本当は果実がよく熟しているサインであり、食べる分にはちょうど美味しい。ジョナゴールドやつがるなどの品種によく見られる特徴で、自らのろう物質で、果実の乾燥を防ぎ鮮度を保っている、実は健気にも思える現象なのである。

皮の話まで、一筋縄ではいかないりんごの真実である。

ところでりんご、皮ごと食べます?

Yさんは皮ごと派、私はむく派でここまできた。

りんごの皮と身の間にはじつは栄養が多く、皮自体にも三種類ものポリフェノールが含まれているそうだ。ごぼうやれんこんなどの根菜も、皮に栄養分を集めてみずみずしさを外に逃がさないようブロックしているので、皮ごと食べるといいらしい。

つまり、「皮ごと食べ」は、大変体に良さそうなのだが、正直に告白すると、私は日頃からどうしても農薬の問題が気になってしまうのである。その時点で、おそらくある年齢層、ということになるのかもしれない。昔の田畑への大々的な農薬の散布の仕方が、つい脳裏をよぎるのだ。

なので、野菜やお米は無農薬、または減農薬のものを買っている。

しかしりんごでは、木村秋則さんのりんご以外には、無農薬栽培にはなかなか出会えない。改めて、なぜなのかが気になった。

りんご研究所の櫛田俊明さんに、うかがってみた。

「りんごっていうのは、とにかく病害虫にひじょうに弱いです」

櫛田さんは、そうおっしゃられた。野生の酸実《ずみ》などは強いが、りんごは品種改良の過程で大きく美味しいものを作ろうと選抜していった結果、病害虫にひじょうに弱い作物になっていった。りんごを加害する虫は国内だけでも、百種は超える。果実の中に入り込んでしまうモモシンクイガは、バラ科果樹のあるところなら全国どこにでもいる。

モモシンクイガ、覚えている。りんご研究所で、赤く色づきはじめたりんごの実の表面に水滴のような跡が見えた。

「りんごの涙です」

それを見ていた私に教えてくれたのも、櫛田さんだった。モモシンクイガは小さくて、果実表面のくぼみなどに産卵する。孵化《ふか》した幼虫は果実に小さな孔《あな》を開けて、中に入っていく。そのときに孔から流れ出る果汁の水滴が、りんごの涙なのである。

モモシンクイガは果実だけに産卵し、葉や枝には産卵しない。果実内部を食べて大きくなった幼虫は、果実に孔を開けて脱出して落下し、地面に浅く潜って繭《まゆ》をつくり、その中で蛹《さなぎ》になる。羽化した成虫は地面に這《は》い出し飛んでいく。孵化幼虫の入る孔が「針の穴を通すほど」ひじょうに小さいため、モモシンクイガを昔は「ハリトオシ」と呼んでいたそうだ。

りんごは、輸出の際には、大変厳しい条件が課せられる。台湾ではもしも輸出したりんご果実の中に一回でも生きたモモシンクイガが混じっていれば、その県からの輸出（りんご以外の桃、すもも、梨も含めて）が時には一年にもわたり止まってしまう。二回見つかれば、その県のみならず国内からの輸出がすべて禁止になってしまう可能性がある。責任重大すぎる。

しかし、モモシンクイガとの戦いには、人間は大方勝利を収めようとしているようだ。効果のある農薬が開発されているし、果実へ産卵される前に袋をかけると、ブロックできるのがわかっている。だが、害虫は他にもまだまだいて、葉っぱや果実の表面を食べる毛虫やゾウムシなどもいる。

「昔は有効な手段がなかったから、原始的にね、叩いて落とす。葉からぶら下がっているのを下に集めて油に入れて殺すとか、やっていたんですよ」

　そうした労力を一気に軽減させていった取り組みの一つに、農薬の開発があったわけだ。

　ところが、農薬でも苦戦する相手もある。たとえばハダニは、農薬に抵抗性を持ちやすい。ハダニは小さく葉に点々とつくだけだが、ひとたびつけば大繁殖し、葉緑素などの養分を吸い上げてしまう。ようやく新しい農薬を開発しても、数年たつとまた抵抗性を持って繁殖してくるから、いたちごっこの戦いだ。

「ハダニっていうのは、もともとは害虫じゃなかったんですよ。自然界には、ハダニを食べるカブリダニのような天敵がたくさんいるんです。それが農薬を使うことによって、天敵のほうは農薬にひじょうに弱かった。一方、ハダニは抵抗性の発達がすごいんですね」

　こんな偶然は信じてもらえないかもしれないが、私は大学時代に、カブリダニにハダニを餌として与えるアルバイトをしていた。私のデビュー作である『アクアリウムの鯨』には、その二種のダニが出てくるのだが、私のいたゼミの森樊《もりはん》須《す》先生が、まさにダニを利用した生物農薬の研究をされており、先生が調査で留守をされる間などお手伝いをしていた。

シャーレにうごめくチリカブリダニに、桑の葉から採取したハダニを刷毛で落として入れてやると、チリカブリダニはすぐに口針《こうしん》を刺して、ハダニの体液を吸い上げていった。顕微鏡で覗いていると、妙に神秘的な光景だった。

そういうわけで、私はダニや虫がまったく苦手ではなく、無農薬の野菜を買うとよくついてくる虫とも、台所でしばらく遊んでいる変わり者だが、世の中には苦手な人が多いのも知っている。

りんご栽培は、病害虫との戦いでもあるのだというのは、木村秋則さんの本を読んでいても実感した。

青森県りんご協会では十年ほど前から、農薬に精通した人材を育てる「りんご病害虫マスター養成事業」を始めた。なんだか、いいネーミングだ。一年間の養成コースには「マメコバチの増殖と天敵観察」などの研修もあるそうだ。昨春は、若手のりんご農家の人たち四十一名が学びに名乗りをあげてマスターとなったと、東奥日報のHさんが、県内の学びの様子を誇らしそうに教えてくれた。

その㉕　四月なのにぱりっとしている王林やシナノゴールド

四月、春の日射し、青森では桜が満開で、じきに真っ白なりんごの五弁の花が咲く頃だろうか。

〈津軽ではりんごの花で二度目の花見〉と書かれたポスターが、都内の駅に貼ってあったと、事務所のK女史が、写真付きでフェイスブックのページに紹介してくれた。

〈座布団一枚！　と心で思ったKでした〉

弾む声が聞こえてきそう。K女史もりんご好きで、この時期はよくミキサーでジュースにしているそうだ。

そんなおり、青森県りんご対策協議会より、赤と黄色の二色のりんごの詰め合わせを届けていただいた。黄色は二種で、より黄色味が鮮やかなのは、長野県果樹試験場で育種され、平成十一年になって品種登録されたシナノゴールドだ。ゴールデンデリシャスと千秋《せんしゅう》の交配である。もう一つの王林は、ゴールデンデリシャスとあの大きな印度の交配ではないかとされている。戦時中より、福島の大槻只之助さんが育成を始め、昭和二十七年には「りんごの中の王様」として、王林と名付けられた。

王林とシナノゴールド、座布団の代わりにK女史にも届けに行った私である。

〈冷蔵庫から出したての鮮度のよいものを直送させていただきます〉

このたびのりんごは、送り主である青森県りんご対策協議会（略して「りん対協」と呼ばれます）の方より、そう紹介されていた。

連載が始まるまでは、弘前出身のYさんは、「私なんか、年が明けたらもうりんごは食べませんもん」と、りんごの時期がよくわかっているだけに、そう言っていた。

私はといえば、りんごの収穫期もよく知らなかったから、そういえばりんごは季節も考えずに見かけだけで買っていたな、というボケりんごならぬ、ボケ作家ぶりであった。

それが取材を始めてからは、りんごの収穫までにはどれだけ手がかかるかを少しずつ知り、収穫したてのりんごの美味しさを覚え、また作り手の皆さんのその喜びを分かち合わせてもらう機会にも恵まれた。

最近では、何かにつけてぴぴっとりんごセンサーが働く。先日は、あるご婦人が、こう言った。

「うちでは毎日夫婦で二つずつりんごを食べるんですよ。朝はジュースにして、夜は寝る前に皮をむいて食べます。買い置きせずに、毎日穫れたてを、スーパーマーケットから買ってくるんです。あれ、なんていう種類だったかしら。確か最近よく〈葉っぱを取らないりんご〉とかいうのが、あるでしょう？」

さて、この話に間違いは幾つあるでしょうか？　いや、意地悪を言っているつもりはないのである。りんごについては、毎日食べている人こそ、なんとなくで、食べているのかもしれない。もちろんそれでいいよなとも思うのだが、ここはお節介を働かせてもらおう。

「葉とらず」りんごは、品種名ではなく、いろいろな品種でなされている、葉っぱを取らない栽培法だ。袋かけをしない「サン」という呼称と同じだ。

それに、毎日「鮮度」のいいりんごがスーパーマーケットにはあるので「穫れたて」のように思えてくるが、おそらく今並ぶりんごは、国内産のものだとしっかり貯蔵されてきたもので、貯蔵室からの「穫れたて」になる。まあ、それもあながち間違いではない気がしてくるし、もしかしたら南半球のりんごかもしれないが。

つまりそうしたことを、ちょっとオタクの人たちみたいに、「あのー」と、話してみたくなる。りんごの真実をいろいろな人たちと分かち合って、りんご仲間を増やしたいんだな、きっと今の私は……。

実はりんご対策協議会の方がりんごを送ってくださった理由は、Yさんが連載で書いたこの一言による。

〈今シーズンのサンふじりんご販売が終わります――某ショップからのメールに、春だなと思う反面、毎日りんご生活も終わりに近いなと寂しいYです〉

〈「それなら是非うちの会がパリパリの美味しいりんごを贈って、毎日りんご生活を続けてもらいたいね！」と、なりまして〉

優しい。我々はさんざん好き勝手にりんごをかじっては思うところを書いてきたというのに、りんごに関わる皆さんは、いつもそんなふうに、「そう言わずに一度、食べてみてよ」と伝えてきてくれる。優しいというより、誇りなんだろうな。

確かに送られてきた貯蔵りんごは、果汁があふれるほどみずみずしく、歯ざわりもしゃっきり歯ごたえもある。しかもふじは、中に蜜も入っている。収穫してから、五カ月くらいはたっているはずなのに、ナイフでカットしたときに思わず、おうっと声が出た。

この貯蔵の技術には、海外からも驚きの声が寄せられているそうだ。今年になって制作された台湾のテレビ番組では、「青森りんごは、ＴＯＹＯＴＡやＳＯＮＹに匹敵する日本が誇るべきジャパン・クオリティである」と、伝えている。

りんごの貯蔵の技術は、おそらく凄《すさ》まじく進んでいるのである。どういった変遷があったのだろうか。送ってくださった協議会の方にうかがったお話からは、青森の冬景色が浮かんでくるようだった。

はじめて出荷された貯蔵りんごは、明治二十年にまで遡り、「囲い物」と呼ばれた。土蔵や土穴に、凍結防止のための炭火を焚《た》いて貯蔵した。明治末期には、二重の壁板の間に雪を詰める「雪まき冷蔵」が主流となる。りんごの専用の冷蔵庫ができたのは昭和のはじめ頃で、流通業者が手がけた。


現在の貯蔵法は大きく分けると、普通冷蔵とCA貯蔵の二つである。普通冷蔵は、室温〇度前後、湿度九〇％前後の冷蔵庫で、管理・保管される。この貯蔵で出荷されるりんごが店頭に並ぶのは大体二～三月まで。

そこからバトンを引き継ぐのがCA貯蔵で、CAは、Controlled Atmosphere（空気調整）の略だ。空気の組成を人為的に調整して、管理する。主には酸素の濃度を下げて炭酸ガスを高め、りんごの呼吸を抑制する。室温は同じく〇度、りんごはその貯蔵庫の中で、眠りに入る。

りんごは、眠るのだ。現在は、青森県の貯蔵収容の四五％を、この貯蔵が占めているとのこと。そういえば、Ｙさんと青森を旅したときに、ＣＡ貯蔵と書かれた大きな倉庫を幾つも見かけて、最初は「ＣＡ貯金？」と間違えて読んだくらいちんぷんかんぷんだった。

この技術によって、〈青森りんごは一年中出荷ができるようになり、りんご王国の地位を揺るぎのないものとしました〉と協議会の方からのメールには書かれていた。

「りんご王国」

確かに。国内ではりんごの生産の六割近くを青森が占める。台湾や東南アジア諸国への輸出も盛んで、五万トンが輸出の目標となったそうで、私には想像もつかない。ただ連載を通じて感じたのは、りんごに関わる人たちの多さと、青森のいたるところに広がる果樹園の風景。それぞれの方々に誇りがあり、なので青森は、私の中でも「りんご王国」になった。私もＹさんも、この王国を旅させてもらいながら、いろいろな城主ならぬ農園主とそれぞれこだわりの栽培法やでき上がった果実の味わいに出会っていったように思う。

りんごは人を幸せにする。

その㉖ ロシア、ダーチャの青りんご

りんごの収穫のない時期に、りんごを感じる旅があった。五月、ロシアのサンクトペテルブルクへ出かけたのだ。

用件はサンクトペテルブルク大学の東洋学科の生徒さん方の前で、日本語で講演すること。十年ほど前に函館とロシアを取材して『黒髪』（講談社）という小説を書いていて、執筆を通じて感じたことなどが、講演のテーマだった。

四泊六日という短い旅だったが、サンクトペテルブルクでは、十年前に取材させてもらった亡命ロシア人の方にもう一度会えたり、また新しい出会いもあり、大変よい旅だった。

今はどこへ行ってもりんごが気になるのだが、実はこの旅では私よりもロシアのりんごに相好を崩していたのは、ブロンドのO女史だった。サンクトペテルブルク大学の東洋学科の卒業生で、日本の企業ＪＴで働いている。ＪＴが今回の旅の主催だった。

きれいな日本語を話し、日本の文化にもよく馴染んでいるな、と打ち合わせなどを通じて思っていたのだが、成田からの飛行機をモスクワで乗り換えるときに、ラウンジに立ち寄ると、うまく言えないが表情や物腰が不意にロシアの女性に戻った気がした。

一番そう感じたのは、ラウンジに用意されていた小さな青りんごに真っ先に手を伸ばし、いきなり手の中に小さく握るようにして、かじりついていたとき。

「ねえ、写真撮ってもいい？」

その姿に思わず頼み込むと、

「どうしてですか？」と、彼女が訊く。

「なんだかとってもいい顔をしていたから」

私がそう言うと、彼女は半分ほどかじったりんごを手にしたまま、透き通るように白い頬を色づかせた。

りんごはおそらく百グラムほどの小ささだ。コンポート皿に、適当な感じで重ねて置かれている。ロシアでは、都市部の人たちはダーチャといって、週末田畑などを耕しながら過ごす家を持っていて、そうした場所にはたいていりんごの樹があるそうだ。一本の樹で、家族だけでは食べきれないほどの実がなる。

「りんご、好きなんだね？」

彼女はまだ大学を出て数年しかたっていない。それなのに、日本の企業でかなり高度な日本語を使って仕事をしている。

「懐かしくなってしまいまして。このりんごは、まさにロシアのりんごです。おばあちゃんの家でなっていたようなりんごですから。日本のりんごは甘すぎまして、私にはどうしてもこちらのりんごが懐かしくなります」

やっぱり、みんなにそれぞれのりんご、津軽弁で言うと、「わぁ（私）」のりんごがあるのだなと感じたひとときだった。

翌朝、ホテルの朝食会場は広々としていて、パンケーキや山盛りのイクラ、ニシンの酢漬けなどのロシアの料理が盛大に並んでいた。私は彼女の真似をしながら、皿にのせていった。

驚いたのは、パンケーキに赤いイクラをどかっとのせて食べる様子。お菓子のクレープのように、サワークリームをのせてもいいらしい。

そうそう、イクラという言葉がそもそもロシア語で、赤いイクラと黒いイクラと呼び分けるのも、知らなかった。黒イクラはキャビアをさす。パンケーキにイクラ？　ほんとに？　という感じではじめは見ていたのが、少しだけ真似てみると、甘いパンケーキに塩辛いイクラは、ひじょうによく合って、参りました。

思えばイクラという魚卵の貯蔵方法を大正時代、日本に伝えたロシア人こそ、白飯にイクラをのせて食べるのに驚いたのかもしれない。

そして朝食の後のデザートには、彼女はもちろん、紅茶とともにりんごを食べていた。そんなにじろじろ見ていたつもりもないのだが、毎朝、りんごを丸ごとかじって食べていたような気がする。

ロシアでは、ピロシキにもサラダにも、りんご入りを見つけた。あまり甘すぎない、少し硬い実が、おそらくそうした料理にも合うのだろうと思う。

朝食では、同行の日本人の方々も加わって、りんごについて話した日があった。ロシアではりんごは生活に密着していて、ダーチャのりんごはジャムにもジュースにもして冬のために保存するそうだが、輸入ではアメリカのレッドデリシャスや、フランスのグラニースミスが人気だそうだ。ふじはどうなのかうかがうと、現地でロシア語を駆使して働く日本人の方が言った。

「品種まではわからないのですが、私の知っているロシア人は、青森からだったと思いますが、贈られた日本のりんごを食べて、それは驚いていましたよ。いやー、これはなんだ、という感じで、大きくて、甘くて、美味しいと。もう他のりんごは食べられないと言っていましたよ」

紅茶をゆっくり飲みながら、異国でりんごの話をするのがまた得難い時間だった。

サンクトペテルブルクは、とても美しい街だ。人々はゆっくり歩いていて、カフェで気ままに語らっている。

深夜までやっているカフェや本屋さんがあって、また五月は白夜なのもあって、夜も十時くらいまでは明るかったが、私はまた例によって、ホテルをチェックアウトするまで、部屋にりんごを一つ置いておいた。

部屋に備え付けのロシアの伝統的な柄が描かれた赤いトレイは大きくて四角く、緑色をした小さなりんごは、一つきりではなんだか所在なげに見えた。今回の旅では、お守りというよりも、友達に部屋にいてもらう感じだった気がする。講演の練習をする傍らにもいてくれたロシアのりんご。スパシーバ、ありがとう。

その㉗ 夏緑からスイートメロディへ 今年のりんご

厳しい夏が始まった。

何をしていても、目眩がしそうに暑い。

私は八月いっぱいは、家族と函館に滞在し、そちらで仕事をするようになって十年以上になるが、最近は向こうも暑いのだ。

しかし、到着早々、Yさんから素敵な荷物が届いた。

夏緑《なつみどり》、今年になって収穫されたはじめてのりんごである。

このりんごについては、昨年も話は聞いていて、何しろその年のはしりとして出てくるりんごで、お盆のお供えにするために作られるのだと教わったこともあった。

まだしぶかったりするのかな、と思って食べてみたが、ぱりっとして爽やかで、それに青い色が涼やかで、りんごにはじめて涼をもらった気がした。

一九七三（昭和四十八）年に青森県りんご試験場が、「きたかみ」と「メク10」（つがると祝の交配種）を掛け合わせて作ったりんご。「緑色の夏りんご」として、そんな素敵な名前が付けられた。色の雰囲気は、確かに祝に似ている。

それにしても、夏りんご、うれしい。ナイフで割って、お皿にのせるのが待ちきれずにすぐに立ったまま一切れ食べた。甘酸っぱくて、目が醒《さ》めるような、果物の力を感じた。

りんごのオフシーズン中、Yさんは来シーズンのために、いろいろ調べているうちに、おいしいりんごを少しずつでも届けてくれる「りんご侍」というネットショップに行き当たった。

八月のうちに、続く二種類も届けてくれた。あかねによく似た「あおり16」（商標名・恋空）、そしてスイートメロディという、鮮やかな黄色のりんごだ。

スイートメロディとは、どれどれ、「りんご侍」のページを見ると、千秋とつながるが親で、その前の代にゴールデンデリシャスと東光がいるので、こんな「カナリア色」が出てきますと紹介されている。りんごの交配はつくづく奥深いな。それに、八月のうちにこんなにも個性豊かなりんごに出会えるなんて、思ってもみなかった。

去年は九月も後半になって、地面に落ちていたニュートンのりんごから食べ始めた私だったが、今年はこの八月の三品種を皮切りに、九月に入ると、青森へ足を延ばしてりんご狩りに行くことができた。Ｙさんと一緒だ。小雨の降る日だったが、千秋とつがるの交配種で、平成になって登録された未希ライフを、もがせてもらった。青森市内の「まるせん川村」という農園では、ステビア農法で栽培されている。ステビア農法については私も不勉強だが、ステビアを堆肥として用いることで、土壌の有用微生物が増え、果樹の病害虫への抵抗性が高まる。農薬は少ないので、皮ごとどうぞと言われた。

おいしい、おいしいと私たちがはしゃいでいたら、帰りに、きおうも持たせてくれた。

「早く取らないと、つる割れしちゃうから、いいから持っていって」と。

ありがたい限りです。

また私は、ワイナリーをめぐるテレビ番組（ＨＢＳ／ＢＳ－ＴＢＳ）の取材で長野へ行った際に、りんごにも関心が向くのを許してもらった。様々なりんごとの出会いがあった。飯綱《いいづな》町のサンクゼールというワイナリーでは、シードルだけで三種類あったが、今では六種類もあるらしい。

その中でも特に気になるのが「高坂りんごのシードル」だ。絶滅したと思われていた高坂りんごは、「林檎」の漢字があてられる和りんごである。昔は善光寺の門前で売られていたそうだ。飯綱町では二本の樹が大切に保存されている。

それに、イギリスで絶大な人気を誇る、ぷっくり太った青りんご、ブラムリーりんごのシードルにも心魅かれる。ブラムリーは料理用りんごで、日本ではほとんど作られてこなかったが、飯綱町ではイギリスから約三十年前に寄贈された苗木が大切に育てられている。ワイナリーのガーデンで、りんごを切ってただ煮ただけのジャムを作っていたが、この甘酸っぱさは格別だった。今思うと、ビートルズのデザインのりんごは、こちらではないかと思う（そのデザインのTシャツ、私が着ると、ますます横長に見えるんだけど）。

他にも道中、珍しいシナノピッコロとか、シナノプッチという名の真っ赤で小さな可愛らしいりんごを小学生の男の子が手伝って売っている農園などに出会い、そのつど立ち話になったり、少しずつりんごを買ったりした。長野では、りんごの売店では、必ずといっていいほど品種の紹介に手書きで何と何の掛け合わせかが書かれている。青森の農園のような整然とした感じというよりは、もう少しゆるやかな作り方をしている印象も受けた。

また北海道では、りんご農家の方々が、りんごでは青森にはなかなか勝てないと、ぶどうの生産を始める人が少なくないとも聞いた。生食用のぶどうから、ワイン用のぶどうへと替える人も増えているそうだ。

北海道の仁木町で新しく始まったワイナリーの一つ、NIKI Hills Villageでは、NHK「趣味の園芸」でも人気の若き福森久雄さんをヘッドガーデナーに迎えて、りんご園だった場所に広大なガーデンを建設中だった。

りんごの樹木が切り倒されて造成されていたが、四本だけ残されていた。福森さんは、これらをシンボルツリーとして残し、その中の一本である、収穫の役割を終えたあかねの樹の枝切りをやめて、自然樹形へと戻す。盲導犬の話みたいだなと思いながら、その話を聞いていたのだが、りんごの樹は他にもエスパリエ（樹木を垂直に立てるための支柱）やアーチなどにも「仕立て」られていく。「仕立て」も日本人の技術なのだそうだ。


りんごが好きになって、また旅が楽しくなった。今はどのりんごの樹からも声が聞こえてきそうな気がする。

文庫版あとがき――著者、その後のりんご生活

朝起きると、窓辺に置いてあるワインセラーのガラス扉を開ける。三十分もすると起きだしてくるはずの娘はもう高校三年生、お弁当作りの約束も残すところあと半年ほどになった。

セラーの棚に手を伸ばすのは、何も朝からお酒を飲むためではなくて、実はそこに私のりんごをこっそり貯蔵してあるからだ。

この原稿を書いている今は七月初旬。りんご好きな方にならわかってもらえると思うのだが、七月は一年で一番のりんごの渇望期にあたる。八月に入れば、本書にも登場する「夏緑」などの極早生《ごくわせ》種が登場するが、今、市場に出回っているのは、CA貯蔵で眠らされていたりんごたち、または南半球から輸入される「ジャズ」などの洒落《しやれ》た名前のりんごである。

そういうりんごだってよいにはよいのだが、私はやっぱり収穫したての秋からのりんごが食べたい。そして、収穫して届けられたりんごを、自分の元でできるだけ長く貯蔵して、冬眠中のクマのごとく、少しずつ大切にかじっていきたい、いつしかそん

な風に思うようになっている。

ともあれ、本書『ききりんご紀行』を出版した後も、りんごを追いかけ続けている私には、秋になると大変なことが起きる。

それは何かと言えば、はい、りんごの箱が山積みになります。

なにしろ出張先がりんごの産地にぶつかると、よほどのことがない限り地元のりんご農家やりんごの研究所に立ち寄らせてもらう。そこで新しい栽培法や品種に出会うたび、収穫期のりんごを注文してくるので、箱はどんどん増えていくのです。

家族はどう思っているかわからないが、これ、私には無上の喜び。

ピンポーン。

はいはーい。

届くたびにまずカッターで段ボール箱を開けて、香りを胸いっぱいに吸い込む。

すぐにりんご形の木製のまな板の上で二つに割ってまた改めて香りを楽しみ、それから耐えきれずにひとかけ分だけ皮をむいて立ったまましゃりっとかじります。香水で言うならトップノートの最初の華やかな香りや印象を胸に受け止める時間。そこから改めて残りをきれいにむいて皿に並べ、しげしげと眺めます。

パソコンを立ち上げて、「○月○日△△さんのりんご。品種は王林。みずみずしい」

などと日記とも言えないメモ書きをつけ、あとのりんごはさて、どうしようとなるわけだ。

　宅配便でYさんにおすそ分けをしたり（するとYさんからも届いたり）、その時期打ち合わせなどで会う方々にもお持ちしたり（するとりんご好きでしょ、と私にもいただいたり）で、どんどん食べたりしても、もちろんりんごはまだまだたくさん残っており、本当はりんご用の冷蔵庫をもう一つ増やしたかったのだが、そうもいかず、思いついたのがワインセラーを増設すること、だった。

　今あるワインセラーの上にそのまま縦にのせられる同じサイズのものを増設し、ここに収めるためのりんごは一つ一つラップに包む。ワインのボトルを収めるための縦長のスペースに、りんごをころころと並べていき、白ワイン用の低温にぽちっと設定すると、これがなかなかよろしい。

　そういうわけで、七月、今年最後の一つが残っており、手にのせてもまだ硬さがある。

　やるもんだ、ワインセラー。

　ようし、名残惜しいがこの原稿を書くために食べようと、ついに小ぶりの赤い実に手をかけた。

品種は「カンジ／kanzi」。

なんと私がりんごの辞書としている『青森県のりんご　改訂版』にも登場しない珍しいりんごで、どうやら原産はベルギーの品種に遡り、ドイツではポピュラーなりんごとのこと。昨年訪ねた青森県の今智之《こんともゆき》さんのりんご園から、収穫期の十二月に分けていただいたものだ。

え？　谷村さん、まだ取ってあったの？

と、今さんには呆《あき》れられそうだが、昨年は今さんの農園から、さまざまな驚きを頂戴した。「はつ恋ぐりん」という青りんごや、「ピンクレディー」という名前の、生産者が日本ピンクレディー協会の会員であることが条件のりんごなど、酸味の強いのを分けていただき、酸味の美味《おい》しさに改めて驚かされた年でもあったので、なんとなくその記念メダルのように、赤いKanziを取ってあったのです。

いただきます。

まだ、ほのかに香っている。

しゃりしゃりっの歯ごたえも残っている。

うれしいな。

どうか今年も、今さんの農園で、また美味しいりんごがたくさん収穫されますようにと願いを込めて、しゃりり。

で、こうして朝の目覚めをもらってキッチンでしばらくお弁当と朝食を作る。娘を送り出してからコーヒーをいれてパソコンを立ち上げ、原稿を書きつつりんご日記をつける。

なんでも飽きっぽいので自分でも不思議なのだが、この生活がずっと続いているのは、やはり、りんごの魅力の奥行きがそんじょそこらではないからだと思っている。知りたいことがどこまでも増えていくから。

『ききりんご紀行』の単行本版が出版されてから早くも三年が経《た》った。今でもよく訊《き》かれるのは、

「谷村さん、ところでどうしてりんごだったの？」

いろいろな答え方をしてしまうのだが、正直言うと自分でもよくわからない、のだ。元となったのは、青森県の新聞、東奥日報日曜版での連載エッセイの企画で、タイトルは「りんごをかじれば」だった。毎週、りんごをかじりながら、楽しく書いていこう、とつけたタイトル。青森なので、りんごについてききかじりできれば、という

思いも託したタイトルだった。

とにかくはじめにYさんと決めたのは、毎日りんごを食べ続けることだった。美容にいいとか、からだにいいとか、いろいろな効能も実感しながら書いていくのかなと思いきや、私の中では急に、りんごの成り立ちそのものの不思議に心が奪われていった。あのときにむくむくと湧いてきた衝動は、やはり大学時代に在籍した農学部由来（自分でも驚きだったが）のようにも思う。

りんごを食べると、その向こうにりんごの研究をする方々やりんごを育てる農家の方々の目や手を感じるようになり、さらにはりんご園の風景が広がる。

本書にもある通り、疑問が浮かぶたびに問いかけをさせてもらうと、皆さんりんごにはど素人の私にも、優しく答えてくれた。

そうやって食べては書く、書いては食べるという生活がこんなに続くようになるとは、はじめは夢にも思っていなかったことだった。

この本は出版後、新聞やラジオなどでずいぶん取り上げられたこともあり、私は図らずも青森りんごのファンづくりに貢献したとして、平成二十九年度、青森りんご勲章を受けた。知事から手渡されたのは、りんごの花が七宝焼きになった勲章。それはそれは美しく、今も書棚に大切に飾っている。

生涯をりんごに費やしている方々が大勢ある中で、ついこの間までりんご、ど素人だった私が勲章までいただいたのは、この先の宿題をもらったのだと感じた。Ｙさんも大変喜んでくれ、またチームを組んで、今度は集英社の「青春と読書」という冊子で「りん語録」という新しい連載を始めたのだ。

今は青森県だけでなく、岩手、山形、群馬などの農園や研究所も訪ね、新しい品種だけではなく、「印度」や「国光」などの懐かしい品種を食べさせてもらったり、古木に触れさせてもらったりするのも、何とも言えない楽しみ。そのつどなぜこんなにうれしいのかと不思議なほど、気持ちが弾む時間をもらっている。りんごの旅、と呼んでいる。

またこれまであまり熱心でなかったりんごのお菓子も追いかけて、東京や京都、神戸などを回っている。

そのあたりは来年に出版される予定の『りん語録』のほうでも読んでいただけたら幸いです。

何も知らなかったりんごについて知ろうとする私に、りんごに関わる方々はいつも想像を超えて優しかった。

農家では厳しい環境でのりんごの栽培が続いているはずなのに、手を休めてお話をしてくれた。土間で一緒にストーブにあたらせてもらったり、りんご箱を椅子にして車座になったり、ナイフで収穫したてのりんごを割ってみんなで一緒にいただいたり。そこには豊かな暮らしの一コマがあった。

そうした時間を通じて、りんごの優しさは、農家や研究者の方々の優しさそのものだと今は感じる。

文庫版では、単行本時からの改訂事項も加わり、また可愛《かわい》らしい装丁で編み直してもらった。単行本時に掲載していた写真とコラムは、ｗｅｂ集英社文庫の特設サイト(http://bunko.shueisha.co.jp/kikiringo/)のほうでカラーでご覧いただけるので、ぜひ本書と一緒に楽しんでもらえたらと願っています。

文庫版の担当編集者は、まだ若いＫさん。Ｙさんと同じくショートカットで、いつも素顔。りんごもりんごジュースも好き、とはじめての打ち合わせのときに教えてもらって、すぐに打ち解けた。〝りんご好き〟は、今や合言葉です。

そして、新しいりんご仲間は、いつでも大歓迎。

読者の皆様もこの秋は、ますますたくさんのりんごを味わってくださいますよう願っています。ときにはぜひ、どこかでご一緒に。

二〇一九年七月初旬　都内にて

谷村志穂

Many thanks
ご登場くださった皆様とりんごたち
櫛田俊明さん（青森県産業技術センターりんご研究所）
『青森県のりんご　改訂版』（杉山芬・杉山雍著、公益財団法人青森県りんご協会）

本書は、二〇一六年十一月、集英社より刊行されました。
初出「東奥日報」二〇一五年十月〜二〇一六年四月
（連載タイトル「りんごをかじれば」）

本文デザイン／西野史奈（テラエンジン）
JASRAC 出 一九〇八二八八－九〇一

集英社文庫　目録（日本文学）

田中啓文　えびかに合戦　浮世奉行と三悪人
田中啓文　ジョン万次郎の失くしもの　浮世奉行と三悪人
田中優子　世渡り万《よろず》の智慧袋　江戸のビジネス書が教える仕事の基本
田辺聖子　花衣ぬぐやまつわる…(上)(下)
田辺聖子・工藤直子　古典の森へ　田辺聖子の誘う
田辺聖子　夢渦巻
田辺聖子　鏡をみてはいけません
田辺聖子　楽老抄　ゆめのしずく
田辺聖子　セピア色の映画館
田辺聖子　姥ざかり花の旅笠　小田宅子の「東路日記」
田辺聖子　夢の櫂こぎ　どんぶらこ
田辺聖子　愛を謳《うた》う
田辺聖子　あめんぼに夕立　楽老抄Ⅱ
田辺聖子　愛してよろしいですか？
田辺聖子　九時まで待って
田辺聖子　風をください

田辺聖子　ベッドの思惑
田辺聖子　春のめざめは紫の巻　新・私本源氏
田辺聖子　恋のからたち垣の巻　異本源氏物語
田辺聖子　ふわふわ玉人生　楽老抄Ⅲ
田辺聖子　恋にあっぷあっぷ
田辺聖子　返事はあした
田辺聖子　お気に入りの孤独
田辺聖子　お目にかかれて満足です(上)(下)
田辺聖子　そのときはそのとき　楽老抄Ⅳ
田辺聖子　われにやさしき人多かりき　わたしの文学人生
谷　瑞恵　思い出のとき修理します
谷　瑞恵　思い出のとき修理します2　明日を動かす歯車
谷　瑞恵　思い出のとき修理します3　空からの時報
谷　瑞恵　思い出のとき修理します4　永久時計を胸に
谷　瑞恵　木もれ日を縫う
谷川俊太郎　わらべうた

谷川俊太郎　これが私の優しさです　谷川俊太郎詩集
谷川俊太郎　ONCE　—ワンス—
谷川俊太郎　谷川俊太郎詩選集　1
谷川俊太郎　谷川俊太郎詩選集　2
谷川俊太郎　谷川俊太郎詩選集　3
谷川俊太郎　二十億光年の孤独
谷川俊太郎　62のソネット＋36
谷川俊太郎　谷川俊太郎詩選集　4
谷川俊太郎　私の胸は小さすぎる　恋愛詩ベスト96
谷崎潤一郎　谷崎潤一郎犯罪小説集
谷崎潤一郎　谷崎潤一郎マゾヒズム小説集
谷崎潤一郎　谷崎潤一郎フェティシズム小説集
谷村志穂　なんて遠い海
谷村志穂　シュークリアの海
谷村志穂・飛田和緒　ごちそう山《さん》
谷村志穂　ベリーショート

集英社文庫　目録（日本文学）

集英社文庫　目録（日本文学）

津本陽　月とよしきり
津本陽　龍馬 一　青雲篇
津本陽　龍馬 二　脱藩篇
津本陽　龍馬 三　海軍篇
津本陽　龍馬 四　薩長篇
津本陽　龍馬 五　流星篇
津本陽　幕末維新傑作選 最後の武士道
津本陽　巨眼の男 西郷隆盛1〜4
津本陽　深《じん》重《じゅう》の海
津本陽　下天は夢か一〜四
津本陽　まぼろしの維新 西郷隆盛、最期の十年
手塚治虫　手塚治虫の旧約聖書物語① 天地創造
手塚治虫　手塚治虫の旧約聖書物語② 十戒
手塚治虫　手塚治虫の旧約聖書物語③ イエスの誕生
天童荒太　あふれた愛
戸井十月　チェ・ゲバラの遥かな旅

戸井十月　ゲバラ最期の時
藤堂志津子　かそけき音の
藤堂志津子　昔の恋人
藤堂志津子　秋の猫
藤堂志津子　夜のかけら
藤堂志津子　アカシア香る
藤堂志津子　桜ハウス
藤堂志津子　われら冷たき闇に
藤堂志津子　夫の火遊び
藤堂志津子　ほろにがいカラダ 桜ハウス
藤堂志津子　きままな娘 わがままな母
藤堂志津子　ある女のプロフィール
藤堂志津子　娘と嫁と孫とわたし
堂場瞬一　8年
堂場瞬一　少年の輝く海
堂場瞬一　いつか白球は海へ

堂場瞬一　検証捜査
堂場瞬一　複合捜査
堂場瞬一　解
堂場瞬一　共犯捜査
堂場瞬一　警《サ》察《ツ》回りの夏
堂場瞬一　オトコの一理
堂場瞬一　時限捜査
堂場瞬一　グレイ
堂場瞬一　蛮政の秋
堂場瞬一　凍結捜査
童門冬二　全一冊 小説 上杉鷹山
童門冬二　明日は維新だ
童門冬二　全一冊 小説 直江《なおえ》兼続《かねつぐ》 北の王国
童門冬二　全一冊 小説 蒲生《がもう》氏郷《うじさと》
童門冬二　全一冊 小説 新撰組
童門冬二　全一冊 小説 伊藤博文 幕末青春児

集英社文庫

ききりんご紀行《きこう》

2019年9月25日　第1刷　　　定価はカバーに表示してあります。

著　者　谷村志穂《たにむらしほ》

発行者　徳永　真

発行所　株式会社 集英社
東京都千代田区一ツ橋2-5-10　〒101-8050
電話　【編集部】03-3230-6095
【読者係】03-3230-6080
【販売部】03-3230-6393(書店専用)

印　刷　大日本印刷株式会社

製　本　ナショナル製本協同組合

フォーマットデザイン　アリヤマデザインストア　　マークデザイン　居山浩二

ISBN978-4-08-744027-0 C0195